VIDA MODERNA HISPANA

VIDA MODERNA HISPANA

JAMES W. BROWN
Ball State University
and
University of Queensland, Australia

National Textbook Company
NTC a division of *NTC Publishing Group* • Lincolnwood, Illinois USA

1997 Printing

Published by National Textbook Company, a division of NTC Publishing Group.
© 1992 by NTC Publishing Group, 4255 West Touhy Avenue,
Lincolnwood (Chicago), Illinois 60646-1975 U.S.A.
All rights reserved. No part of this book may be reproduced, stored
in a retrieval system, or transmitted in any form or by any means,
electronic, mechanical, photocopying, recording or otherwise, without
the prior permission of NTC Publishing Group.
Manufactured in the United States of America.

7 8 9 ML 9 8 7 6 5 4 3

Preface

With the view that many intermediate-level Spanish classes have dual objectives of content and skill building, *Vida moderna hispana* seeks to focus on both culture (more specifically contemporary Latin American lifestyles) and oral expression. Therefore it may be used alone or in tandem with studies in grammar, conversation, literature, or other aspects of culture, such as geography, institutions, and intellectual history: the so-called "big-C culture." This text grew out of a need and an ever-expanding collection of taped interviews and transcriptions that I have been using in culture classes, in order to sensitize students to the variety of Latin American life-styles and to acquaint them with the richness of spontaneous and nonliterary Spanish. The underlying need was to duplicate in some way the experiences of the inquisitive traveler who learns by observing, inquiring, comparing, questioning cultural stereotypes, and testing these reactions with others. Even the social scientist, trained in collecting and analyzing hard data, will devote much time to looking about, asking questions, pondering, and seeking that indispensable "feel for things."

Each chapter contains two parts, which are themselves divided to provide four segments of interviews per chapter. The segments in turn consist of the core interviews, followed by *Para Responder* questions and answers, which are on the basic recall-restatement level (and which more advanced classes may omit, except as an occasional check on reading comprehension); *Práctica*, consisting of vocabulary and usage drills such as fill-ins, sentence completions, matching, synonym-antonym exercises, and others; and *Para Comentar*, which elicit personal reaction and expression in speaking of one's own life-styles and attitudes. These latter exercises may be directed by the teacher or conducted in combination with small groups.

Each chapter ends with *Para Discutir*, an activity aimed at freer communication and synthesis in thought among small groups. These activities range in format from guided discussions to role-playing. They are named *Para Discutir* advisedly, because they provide a framework for serious, even heated, exchange of thought. A *Para Discutir* may occupy from one to several days, depending upon class, teacher, and topic. In general, the more advanced class can be expected to spend more time and attention on *Para Discutir,* while intermediate levels may omit them.

As the exercises of each segment progress from controlled responses to freer thought and discussion, the teacher will wisely avoid interrupting and correcting when doing so may quell the communicative urge. As students work in small groups, the teacher may move about and offer help when needed. An accepting, supportive attitude is essential.

A noncritical attitude on the teacher's part is also essential on points of cultural sensitivity. Since in real life—much less in this or any book—it is impossible to have that complete and correct hypothetical data base from which to draw only "correct" attitudes, opinions should rightly vary, even to some shockingly wrong-headed ones. In fact, if the group unanimously voices only "correct" views, there is true cause for concern.

The interviews themselves are authentic and only slightly edited. The persons who were interviewed are not presented as sociologically middle ground or statistically representative, but neither are they anomalies or outcasts. Out of many interviews, I chose these because they are in some way interesting or provocative. Thus *Vida moderna hispana* is a highly personal book and reflects things and ideas I have encountered in Latin America as a traveler and resident. The questions are honestly contrived to echo those that students themselves ask when given an opportunity to converse with native speakers, and the language is unabashedly spontaneous and nonliterary, because American students often have little contact, at least in the classroom, with the living and unpolished language. Items that some would take as error or nonstandard are glossed, and standard alternatives are provided when necessary.

In the Spanish text I have followed Spanish punctuation norms, which allow for closer reproduction of speech patterns, particularly so in their greater leniency toward run-on sentences, comma splices, and the like.

The accompanying tapes are keyed to the text by codes (A) and (B). (A) tapes consist of studio quality renditions of the edited conversations, voiced at moderate speed. (B) tapes are true copies of the unedited conversations, complete with background, microphone, and recording noises, since all were done with portable equipment and with the distractions that are, after all, normal to conversation. Oral questions follow each taped (B) segment, so that the text exercises do not depend on use of the tapes, but are supplemented by them.

For those wishing further sources of information, a general list of Selected Readings and a topic-by-topic list of Further Readings are included. In both, I have included only recent and widely available sources from an otherwise wide range of perspectives. The goal of *Vida moderna hispana* is to bring out viewpoints rather than exhaustive analysis. I hope, however, that the student will be thus moved to investigate additional readings, or better still, to approach Latin American culture first-hand, and ask his or her own questions.

Acknowledgments

It is a pleasure to thank those who aided in seeing this book through its beginnings. They are, first of all, those dozens of interviewees, both included in the book and not, who were so generous of their time and their opinions. For their readings of the manuscript and their suggestions I also express my gratitude to Rita Gardiol, W. Douglas Barnette, Alicia Fincken, Lucrecia Urreta de Lindemann, William Bruhn, Jaime Montesinos, Peggy J. Hartley and Simon Bejarano. My thanks go also to Ball State University for affording me the time and the resources necessary to gather the material and to prepare the manuscript.

Contents

CAPÍTULO 1	*BEBÉS, NIÑOS Y JÓVENES*	1

Parte Primera (Nacimiento, Bautizo, Primera Comunión, Fiesta de los Quince, Juegos de Niñez)   1
Parte Segunda (Colegios Privados, Públicos, Mixtos; Vida Callejera; Escuela Preparatoria)   10
Para Discutir   17

CAPÍTULO 2	*AMIGOS, NOVIOS Y MATRIMONIOS*	19

Parte Primera (Socializando Entre Muchachos y Muchachas)   19
Parte Segunda (El Cortejo y Matrimonio de una Pareja, Apellidos)   25
Para Discutir   33

CAPÍTULO 3	*PADRES, HOGARES Y FAMILIAS*	34

Parte Primera (Vida Rutinaria en las Clases Acomodadas, Profesionales y Medias)   34
Parte Segunda (Vida Cotidiana en las Clases Obreras)   40
Para Discutir   46

CAPÍTULO 4	*UNIVERSIDAD O TRABAJO*	48

Parte Primera (Vida Universitaria y Educación Superior)   48
Parte Segunda (Vida Obrera)   55
Para Discutir   63

CAPÍTULO 5	*FIESTAS Y DÍAS CONMEMORATIVOS*	65

Parte Primera (Calendario de Acontecimientos Importantes, Fiestas del Año, Primera Mitad)   65

Parte Segunda (Fiestas del Año, Segunda Mitad)	72
Para Discutir	78

CAPÍTULO 6 MODALES Y COMPORTAMIENTO 79

Parte Primera (Reacciones ante las Costumbres Norteamericanas, Formas de Cortesía Comunes)	79
Parte Segunda ("Machistas" y Mujeres)	88
Para Discutir	95

CAPÍTULO 7 CUESTIONES SOCIALES 96

Parte Primera (Clases Altas y Bajas en Perú, Chicanos y Anglos en EE UU)	96
Parte Segunda (Algo sobre la Cuestión de Puerto Rico, y Algo Sobre Cuba)	103
Para Discutir (A)	111
Para Discutir (B)	111

CAPÍTULO 8 CUIDANDO EL CUERPO 113

Parte Primera (Horarios de Comidas, Platos Acostumbrados)	113
Parte Segunda (Deportes y Deportismo)	121
Para Discutir	129

CAPÍTULO 9 PERSPECTIVAS RELIGIOSAS 130

Parte Primera (Unas Opiniones Individuales, Habla un Sacerdote)	130
Parte Segunda (Vejez y Muerte)	141
Para Discutir (A)	150
Para Discutir (B)	150
Suggested Readings on Spanish-American Life-Styles	152
Vocabulary	156
Photo Credits	169

VIDA MODERNA HISPANA

CAPÍTULO 1

Bebés, niños y jóvenes

PARTE PRIMERA

El nacimiento, por supuesto, significa el comienzo del individuo, del ser° humano. Además, hay otros inicios°, los que representan las primeras etapas° del ser social, y que ocurren a medida de que éste va integrándose a° las varias entidades que le rodean: familia, iglesia, escuela, comunidad. Aquí conversaremos con varios individuos que describen y comentan tales comienzos de manera muy personal. Melinda es una joven peruana, recién casada, que tiene un hijo pequeño. Por eso mismo le es fácil recordar otro nacimiento, el de su hermano menor, nacido y bautizado° cuando ella era niña. Melinda recuerda también los acontecimientos° más memorables de su propia niñez, como son° la confirmación y la primera comunión. En éstas se destaca° la singular importancia de la religión en su familia, la importancia de los vínculos° entre los miembros de la familia, y las ceremonias que mantienen una fuerte estrechez familiar, y hasta extrafamiliar° entre adulto y niño. Luego habla Elena de los pasatiempos que ella disfrutaba° cuando era niña. Ella es una joven puertorriqueña, y los juegos que evoca son los que se ven frecuentemente en las casas, las calles, y los campos de la isla. Otra ceremonia que marca el ritmo de la juventud es la "fiesta de los quince", y Mercedes, que celebró su "quinceañera" en el Uruguay hace dos años solamente°, cuenta en la tercera entrevista cómo agasajan° padres, parientes y amistades a la muchacha que ahora es mujercita, y cómo los varones° de su comunidad festejan a su vez° la entrada al mundo de los adultos.

ser *being*
inicios *beginnings*
etapas *stages*
a medida... *as the latter begins joining*

bautizado *baptized*
acontecimientos *events*
como son *such as*
En éstas... *these emphasize*
vínculos *bonds*
una fuerte... *a great closeness both in and beyond the family*
disfrutaba *enjoyed*

hace dos... *only two years ago*
agasajan *honor, fete*
varones *males*
a su vez *in turn*

Con Melinda, del Perú

—*¿Qué es lo que recuerdas más del inicio de la vida, el nacimiento y la infancia, en tu familia?

---

*The dash (—) indicates quoted dialogue in Spanish punctuation. No dash follows unless the sentence or paragraph continues with an unquoted passage.

—Un nacimiento que tengo muy grabado en la memoria° es el de mi último hermano. Somos seis° y él nació cuando yo tenía cinco, seis años. Nació en mi casa y ni sabíamos que mamá iba a dar a luz°. Bien me acuerdo de escuchar el llanto° de un chiquito y despertar medio asustada° de lo que estaba pasando en la casa, y salió una tía, era enfermera y había estado atendiendo a° mi mamá, y nos dijo, "no se asusten, tienen un nuevo hermanito", y nos enseñó un . . . lo que me acuerdo es una cosa roja nada más (ríe), y decía que era mi hermanito.

—¿Cómo se celebró el acontecimiento?

—El nacimiento, por ser° el sexto hijo no era tan celebrado. Es el primer hijo, por razones, sabe Dios por qué°, es el primer hijo que cuenta, y normalmente se quiere que sea un hombre. Cuando nacen, por supuesto toda la familia llega a visitar. Ahora la gente normalmente da a luz en un hospital pero en nuestro caso todos nosotros hemos nacido en nuestra casa, ya sea con mi tía o° con mi padre, que tenía experiencia, como él decía, de atender a parturientas°, porque él sabía atender a animales, ¿no? (Ríe.) Como digo, es el primero el que se lleva° toda la atención, pero para todos el bautizo es en grande°, quiere decir que es en vestidito blanco, todo de blanco. Se debe bautizar después de siete días de nacido°.

—¿No se bautizan hasta a los seis meses°?

—A los seis meses, alguna gente ha estado un poquito más tarde, pero en el caso de mi madre era cierta superstición de que si no se lo bautizas antes del año°, tu hijo o tu hija no va a tener suerte en la vida y si cualquier cosa le puede pasar°, por supuesto no va al cielo, y cosas por el estilo°. Así que tratan de bautizarlo a los siete días, ¿no? Aparte de que es un bautizo, es como una entrada a la sociedad del hijo, lo presentan a la familia y amigos. Se acostumbran enviar "capillitos" que son avisos de "el nombre de mi hijo es tal°, y se ha bautizado en la Capilla de tal". El padrino° coge° al niño, y el sacerdote°, después de decir unas cuantas cosas°, oraciones°, le pone agua en la cabeza, y con el agua fría dicen que el grito del niño es algo simbólico, del grito a la vida cristiana, y no sé qué más cosas°.

—A partir de° ese día tiene formalmente nombre, ¿no?

—Sí, a partir de ese día es "cristianamente" María Alicia, o lo que sea°. Después de eso la familia normalmente invita a todos los parientes a la casa, hay una comida, yo creo que los bautizos casi siempre se hacen en las noches, a las siete o algo así°. Después se van a la casa y festejan con comida, baile, y esto es todo un acontecimiento°. Es mal mirado° si tú no vas al bautizo de tu primo, por ejemplo.

—Los padrinos son muy importantes al respecto°, ¿no? Antiguamente, participaban en el bautizo, jurando° que los padres eran buenos católicos, y que el niño iba a ser criado de acuerdo° con las exigencias° de la fe. O sea°, que los padrinos iban a ser responsables del bienestar° espiritual del niño hasta cierta edad.

¿Qué responsabilidades tienen hoy en día los padrinos que tú conoces?

grabado en *engraved on my memory*
Somos seis *there are six of us*
dar a luz *give birth*
llanto *crying*
asustada *frightened*
atendiendo a *looking after*

por ser *because of his being*
sabe Dios . . . *who knows why*
ya sea con . . . *either with . . . or*
atender a . . . *assist in childbirth*
se lleva *carries away, gets*
es en grande *is a big affair*
después . . . *seven days after birth*
hasta a . . . *even after six months*
antes del año *before the year is out*
si cualquier . . . *if anything might happen*
y cosas por . . . *and things like that*
tal *such-and-such*
padrino *godfather*
coge *bakes*
sacerdote *priest*
unas cuantas cosas *a few things*
oraciones *prayers*
no sé qué . . . *I don't know what all*
A partir de *starting from*
o lo que sea *or whatever*
o algo así *or something like that*
todo un . . . *quite an event*
mal mirado *frowned upon*
al respecto *in this regard*
jurando *swearing*
criado de . . . *brought up in accordance*
exigencias *demands*
sea *that is*
bienestar *well-being*

BEBÉS, NIÑOS Y JÓVENES

Toda la familia se reúne cuando se bautiza a un hijo.

—Bueno, los padrinos, además de acordarse del cumpleaños de su ahijado° (*ríe*), tienen que darle un regalo. Si quieres ser un padrino que va a empezar con buena suerte, le regalas algo que sea de plata, el día del bautizo, y por supuesto para ser padrino tienes que ser católico. Otra de las obligaciones es reemplazar a los padres en caso de que alguno de ellos falte°, además de acordarse del cumpleaños del ahijado, servir como soporte moral en caso que lo necesitan.

—Muchas familias angloamericanas conservan la costumbre de tener padrinos y ahijados, pero veo que a veces la familia latina considera que el vínculo entre padres y padrinos es también algo muy especial. Los adultos que son "compadres"° se ayudan uno a otro en casos de necesidad o en una emergencia, y en efecto°, el que "tiene buenos compadres", o "enchufe"°, puede tener muchas ventajas° en ciertos círculos.

¿En tu familia se le da mucha importancia al compadrazgo, es decir, las obligaciones mutuas entre compadres?

—No . . . depende. El compadre es . . . hasta se hacen bromas con la cuestión del "compadre", ¿no? Es que si tú tienes influencias, tienes "compadres" en la vida. Pero normalmente te de más importancia° si tu tía, por ejemplo, es además tu madrina. O la maestra° de un pueblo, que tiene un montón de° ahijados porque posiblemente ella va a ayudar a esos muchachos de alguna manera. Pero algunas gentes . . . tú vas a encontrar

ahijado *godchild*

falte *is no longer around*

"compadres" *ritual co-parents (godparents and parents)*
en efecto *in fact*
"enchufe" *"pull"*
ventajas *advantages*

te da más . . . *it matters more to you*
maestra *schoolteacher*
un montón de *a lot of*

que hay padrinos que han sido escogidos porque tienen dinero o tienen influencia, sí.

—¿Qué otras celebraciones se hacen cuando uno es niño?

—Por supuesto todas las celebraciones son religiosas, ¿no? El bautizo, después de eso viene la confirmación que, se supone, en términos religiosos-militares (*ríe*), es ser "soldado de Cristo", de Jesús. Te deben confirmar a los siete años u ocho años, y no es tan, tan gran cosa°, no se hace fiesta, digamos°.

—En algunas familias es la edad a partir de la que° el hombrecito lleva pantalón largo, y la niña es ya una "mujercita", ¿no?

—Ya, ya°. En ese sentido tiene el significado religioso de ser un soldado de Cristo, y como signo te dan una cachetada° en la cara, a las mujeres no tan fuerte pero a los hombres sí fuerte°, como sentido de que debes estar listo y alerta.

—Para defender la fe°.

—Para defender la fe. Se supone que a los siete años ya eres un hombrecito o una mujercita, ya no eres un bebé o un niño. Y es el indicio de que dentro de unos años va a empezar la pubertad, la adolescencia, donde empiezas con la primera comunión que eso sí es° grande.

—¿A qué edad se celebra la primera comunión?

—La primera comunión normalmente es cuando tienes once años.† Tienes que recibir unas charlas, aprenderte el catecismo° de memoria, saber todos los dogmas de la Fe Católica, tienes por lo menos dos días de retiro en que no sales, te quedas en un sitio especial con los religiosos°, y se te prepara, no comes por unas cuantas horas. Y entonces después, en la primera comunión es el vestido casi de matrimonio, para los hombres el vestido° blanco, elegante, en que los chicos se ven super bien°, y las chicas . . . muy. . . es decir°, es el primer momento que tú puedes ver que una chica está siendo señorita°. Entra a la iglesia en que se escucha la música y hay flores en cantidades, azucenas° especialmente, y la chica con una azucena en la mano también, y un rosario, y un devocionario o misal°, y es casi como la novia° que entra a la iglesia para casarse, o el novio.

—Después de la primera comunión, ¿cuál es el nuevo papel° que desempeña° el hombrecito o la mujercita?

—Bueno, es la adolescencia, es la época en que los confesionarios° posiblemente están llenos de "padre, tengo malos pensamientos" (*ríe*). Ahora que estoy hablando contigo, voy viendo° que toda esta vida de infancia y adolescencia se ve reflejada en las ceremonias, por lo menos católicas, de preparación para algo más grande, más importante que te va a

gran cosa *big deal*
no se hace . . . *they don't give a party, shall we say*
a partir de . . . *after which*
Ya, ya *yes (Peru region)*
cachetada *slap*
sí fuerte *really hard*

la fe *the (Catholic) faith*

sí es *really is*

B*

catecismo *catechism (a book that explains Catholic doctrine)*
religiosos *clergy*

vestido *traje*
se ven . . . *look really nice*
es decir *that is*
está siendo . . . *is becoming a young lady*
azucenas *small lily-like clustered flowers*
misal *missal (prayerbook)*
novia *bride*
nuevo papel *new role*
desempeña *carries out*
confesionarios *"confession boxes" or confessionals*
voy viendo *I begin to see*

---

*B tapes are taken from the actual recorded conversations. They are only slightly edited and do *not* coincide exactly with the text. You are advised not to attempt reading the text while you listen to them. Answers to the comprehension questions on the tapes will not usually be found in the text at all.

†It is much more common to have First Communion at 6 or 7 and Confirmation at 12 or 13 years.

ocurrir. Bueno, después de eso las ceremonias no son religiosas, son totalmente sociales como la celebración de la chica que cumple quince años°, la chica que cumple veintiún años, y que quizás en muchos casos los padres están entregando a la chica en noviazgo°, y después es el matrimonio, ya esto es tradicionalmente la culminación. Pero la mentalidad ha cambiado, ¿no? de que lo máximo es matrimonio.

—Verdad. ¿A los varones no les hacen fiesta de quince o veintiún?
—No, no es fiesta para los varones.
—Pero eso de la "quinceañera" sigue siendo° de bastante importancia, ¿no?
—En los pueblitos es bastante importante lo de° la chica a los quince años. Ya en las familias de mucho dinero, la chica a los quince años es entrada° a la sociedad. Aparecen fotos en páginas sociales, "la hija del Sr. del Prado", o lo que sea°, "fue presentada en la sociedad por su padre", y tal y tal°, es de gran importancia. Es como el inicio también de decir, "muchachos, han visto a mi hija, pueden empezar a tratar de pensar en cosas serias con ella"° (ríe).

que cumple . . . *on her fifteenth birthday*
entregando a . . . *announcing an engagement*

sigue siendo *continues to be*
lo de *the business of*
es entrada *is taken into*
o lo que sea *or whatever*
tal y tal *so on and so forth*
pensar en cosas . . . *think about her seriously*

PARA RESPONDER

1. ¿Cómo es algo diferente la familia de Melinda, con respecto al lugar del nacimiento de los hijos?
2. ¿Por qué es importante el bautizo en la familia de ella?
3. ¿Qué son capillitos?
4. ¿Qué es un padrino o una madrina?
5. ¿A qué edad se bautiza al bebé?
6. ¿A qué edad se hace la confirmación?
7. ¿Qué transición física o mental se refleja en la celebración de la primera comunión?
8. ¿Cómo se les prepara a los niños que van a recibir la primera comunión?
9. ¿Qué son compadres y comadres?

PRÁCTICA

Complete Ud. las siguientes oraciones con palabras o frases de la lista:

ser humano   nacimiento
grabada   cachetada
da a luz   acontecimiento
cumple

1. El momento de nacer de un niño se llama el _____.
2. Cuando el niño nace, se dice que la mamá _____ al niño.
3. El hombre *Homo sapiens* es el _____.
4. Otra palabra para _____ es suceso, o algo que ocurre.
5. Una cosa que se recordará siempre queda _____ en la memoria.

6. Un golpe con la mano abierta, una bofetada, se llama también _____.
7. En el aniversario del nacimiento, uno _____ cierto número de años.

PARA COMENTAR

1. ¿Qué ceremonias (religiosas y no religiosas) se celebran con los niños pequeños en la familia de Ud.?
2. En la familia de Ud., ¿qué acontecimientos marcan la llegada a la mayoría de edad?
3. Melinda dice que las ceremonias que ella describe le parecen ser "una preparación para algo más importante". Explique Ud. cómo ciertos acontecimientos de la vida juvenil son una "preparación" en su propia experiencia.

Con Elena, joven puertorriqueña

(*Elena acaba de recibirse° en la universidad, y ahora trabaja en una oficina.*)
—¿Quieres hablar sobre la niñez, la vida de una niña puertorriqueña, la que fuiste tú no hace mucho°, ¿eh?
—Sí. Cuando salíamos de la escuela no nos metíamos° en la casa a ver televisión el día entero, nuestros juegos eran° afuera casi siempre. Sí, jugábamos con muñecas° y casitas de muñecas y libros de pintar, pero eso era más bien° cuando estaba lloviendo. Si el día estaba bueno siempre estábamos afuera y, pues, entre las cosas que hacíamos era, pues . . . venían por épocas°, ¿no? En algunas épocas venían lo que da una fiebre°. A veces hacíamos unas cosas, y nos cansábamos, y entonces venía otra fiebre. Entonces, pues, estaba la fiebre de los mangoitos°. Esto era un juego que nosotros nos inventamos, que en cierta época los mangoes° son pequeñitos, caen de los árboles, ¿verdad? Los recogíamos y entonces nos íbamos corriendo y nos escondíamos y entonces salíamos de los escondites° y comenzábamos a tirar mangoes, y . . .
— . . . eran batallas.
—Exacto, batallas. Y cuando le dábamos° a una persona, pues ya era un punto para esa persona que le daba. Y la primera que llegaba a diez, pues, ganaba.
—¿Esas cosas se hacían en la calle o en el patio° de la casa?
—En el patio de la casa. Entonces, otra época jugamos con unas semillas, que caían también de los árboles. Entonces, con estas semillas hacíamos unos "gallitos" y jugábamos a la pelea de los gallos°, que, cogíamos esas semillas y entonces les atábamos un cordón° . . . dos personas jugaban, ¿no? . . . y cada persona tenía un "gallito", y la cuestión era° tratar de darle al otro°, a ver qué semilla se rompía más rápido. Eran pequeñas las semillas y se rompían con facilidad. También jugábamos cosas como al "escondite", "chico paralizado", "tocopalo"°, y también jugábamos a la pelota, que para nosotros la pelota es el béisbol. Nos reuníamos en un grupo de allí del vecindario°, y eso lo hacíamos en la calle.

recibirse *graduate*
la que . . . *which you yourself were not too long ago*
nos metíamos *stayed in*
eran *took place*
muñecas *dolls*
más bien *rather, mostly*

venían por épocas *came in seasons*
venían lo que . . . *came on like a fever*

mangoitos *mango or mangó, a sweet, pulpy fruit*
mangoes *or mangos*
escondites *hiding places*

dábamos *we would hit*

patio *yard (jardín)*
pelea de los gallos *cockfight (See Chapter 8.)*
les atábamos . . . *we tied strings to them*
la cuestión era *the object was*
darle al otro *to hit the other one*
"escondite" . . . *hide-and-seek games*

de allí del . . . *from around the neighborhood*

Y ¿qué más? Ah, una cosa que hacíamos siempre era trepar° a los árboles, porque donde vivíamos había muchos bien grandes, y había unos árboles que tenían unas ramas colgando, unos bejucos°, y entonces nosotros nos tirábamos° de un lado a otro, jugando a Tarzán. Y entonces otra cosa que hicimos fue, este°, hacer un campo de golf, pero decíamos golfito°, y lo que hacíamos era, o sea, los palos de golf eran palos de escoba, y hacíamos hoyitos° en la tierra y entonces poníamos unas latitas° de aluminio, y eso era el juego de golf, y en esto estuvimos muchísimo tiempo jugando°, jugando al golf. Entonces, pasábamos de una cosa a otra, como brincar la cuica°, y . . .

—¿Los muchachos también?

—Sí, también.

—En el Continente° son casi únicamente las muchachas las que brincan la cuica.

—¿Sí? No, todo lo hacíamos° juntos. Por ejemplo, jugar a la pelota, muchachas y muchachos, todo lo hacíamos juntos. Y bueno, había muchos árboles y a veces nos metíamos en las casas° a coger las frutas, pero con permiso . . . y a veces sin permiso . . . en general eran nuestras mismas casas, por ejemplo en mi casa había un mangó°, y en casa de otras había acerolas°, que son las fruititas esas, rojas, pequeñitas. Y a veces las llevábamos a la calle a venderlas. Eso lo hacíamos a las cuatro cuando había más tráfico, hay allí una base militar americana, y entonces a las cuatro salía mucha gente de allí, y los esperábamos allí a la esquina a venderles cosas, y todo lo hacíamos juntos.

trepar	*climb*
bejucos	*hanging vines*
nos tirábamos	*swung*
este	*uh*
golfito	*miniature golf*
hoyitos	*little holes*
latitas	*little cans*
en esto estuvimos...jugando	*we were playing this*
brincar la cuica	*jumping rope*
Continente	*continental U.S.*
todo lo . . .	*we did everything*
casas	*property*
mangó	*(or mango)*
acerolas	*red haws*

Con Mercedes, del Uruguay

(*Mercedes es estudiante de colegio°.*)

—¿Qué fiesta has hecho° últimamente, es decir, entre las muy, muy importantes? Se supone que fue la de quince.

—Sí, la fiesta de quince. Bueno, cuando las chicas están para cumplir quince años°, se sienten muy importantes, no sé por qué (*ríe*), y . . .

—Perdón. ¿Cuántos años tienes, si se puede saber°?

—Diecisiete. Sí, ya pasó° (*ríe*). Entonces hay que dar una fiesta grande, e invitar a toda la familia, y a todos los amigos, vecinos, a todo el mundo. Mucha gente alquila un club° para tener más espacio porque la casa de una chica no alcanza°. Otra gente que tiene casa grande lo va a hacer directamente en la casa°. Entonces la chica viste un vestido blanco, tradicionalmente blanco, pero a veces rosado, y largo . . .

—Y elegante, por cierto°.

—Sí, tratan de que sean° lo más bonitos posible.

—Y, ¿las fotos que salen el próximo domingo en el periódico?

—En muchos casos salen fotos en los periódicos, especialmente cuando las chicas son de la clase alta.

—¿Cómo es la fiesta?

colegio	*school*
has hecho	*have you had (party)*
están para . . .	*are about to turn fifteen*
si se puede . . .	*if I may ask*
ya pasó	*it's all over*
club	*hall*
no alcanza	*isn't large enough*
directamente en . . .	*right at home*
por cierto	*or course*
tratan de que . . .	*they try to make them*

—Por ejemplo todo el mundo llega antes que la del cumpleaños, y cuando ella llega, hay allí lo que nosotros llamamos un cortejo°. Eso es un grupo de chicos que esperan a la chica del cumpleaños, y se ponen en dos filas, y por ejemplo tienen rosas o claveles°, o a veces tienen velas° encendidas, y a medida que° la del cumpleaños pasa, le dan las flores o ella sopla las velas, apaga las luces. Y cuando entra al club, ponen un vals°, y el padre la saca a bailar°. Así que sacan fotos, y luego del padre° va el hermano mayor, y bueno, los tíos, todos los hermanos, los primos, todos los campañeros de clase, todos los varones que hay en la fiesta tienen que bailar con ella.
—Es la llamada° "princesa" de esa noche, ¿no es verdad?
—Sí, pero ¡la mayoría de los chicos no quieren bailar un vals! Entonces tratan de llegar tarde, cosa de que° el vals haya pasado, y no tener que bailar el vals con ella (ríe).
—Hasta que pongan el rock, ¿eh?
—¡Cierto! Y bueno, en estas fiestas hay muchas mesas y la gente se reúne en grupos, y comen y beben, y bailan. Y todas las chicas, creo, tienen un álbum de las fotos de quince años, que a veces salen bien y a veces no (ríe).
—Dime una cosa. En tu comunidad, ¿hacen fiestas de graduación también?

cortejo *cortege, procession*

claveles *carnations*
velas *candles*
a medida que *while*
ponen un vals *they put on a waltz*
la saca a . . . *invites her to dance*
luego del padre *after the father*
llamada *so-called*

cosa de que *after*

—No, no tenemos fiesta de graduación de bachillerato diversificado°, no. No es nada importante, es decir, es importante para uno mismo°, ¿no?, uno se siente contento, "por fin terminé eso, tal vez puedo entrar a la facultad°", pero no es una ocasión en que la gente regale cosas y saquen fotos y vistan una toga° o algo así.

—Y° ¿los hombres?

—Cuando el chico cumple dieciocho años se acostumbra regalarle un auto. Si uno no tiene plata°, no sé, otra cosa, pero es siempre regalarle algo importante, es más o menos como los quince años para las chicas, los dieciocho años para varones, pero sin gran fiesta.

bachillerato diversificado (Uru.) *high school*
para uno mismo *to oneself*
la facultad *university* (See Chapter 4.)
toga *(cap and) gown*
Y *what about*
plata *money*

PARA RESPONDER

1. ¿Qué es el juego de mangoitos que describe Elena?
2. ¿Cómo se dice en Puerto Rico *hide-and-seek*? ¿*Jumping rope*? ¿*Baseball*?
3. ¿Con qué objetos hicieron Elena y sus amiguitos un campito de golf?
4. ¿Qué es la fiesta de quince?
5. ¿Dónde tienen lugar las fiestas de quince, según Mercedes?
6. ¿Quiénes asisten a la fiesta de quince?
7. ¿Qué es el cortejo?
8. ¿Qué sale a veces en el periódico?
9. Para Mercedes, ¿qué fiesta social es más importante para las muchachas?
10. Y, ¿cuál es la más importante para los varones?

PRÁCTICA

Spanish, like English, takes full advantage in conversation of "phatics," or pause words and expressions that primarily fill in the empty moments between other segments of speech. Find out what phatic the speakers used in each of the following. What English phatics could you use in each?

1. Dos personas jugaban, ¿_____? . . . y cada persona tenía un "gallito". English _____
2. ¿Qué fiestas has hecho últimamente, _____, entre las muy, muy importantes? English _____
3. _____, _____ estaba la fiebre de los mangoitos. English _____, _____
4. Otra cosa que hicimos fue, _____, hacer un campo de golf. English _____
5. Lo que hacíamos era, _____, los palos de golf eran palos de escoba. English _____

PARA COMENTAR

1. Escuchando a Elena, ¿qué se sabe de algunos pasatiempos populares entre adultos puertorriqueños?
2. Describa Ud. algunos juegos que hacía Ud. de niño o niña, que son semejantes a las de Elena.
3. ¿Qué se puede deducir con respecto a la clase social (baja, media, alta) de Melinda, Elena y Mercedes? ¿Cómo se sabe?

4. ¿Qué celebración de la comunidad o de la familia de Ud. puede compararse con la fiesta de quince? ¿Cómo es?

VOCABULARIO ÚTIL

nacimiento	*birth*
ser humano (m.)	*human being*
integrarse a	*to join*
acontecimiento	*event*
vínculo	*bond, relationship*
disfrutar	*to enjoy*
agasajar	*to entertain, fete*
acostumbrarse a	*to be, get used to*
cachetada	*slap*
dar (le a uno)	*to hit*
a medida de (que)	*while, at the same time as*
dar a luz	*to give birth*
atender a	*to tend to, look after*
verse	*to look, appear*
aparte de que	*aside from*
desempeñar (un papel)	*to play (a role)*
estar para	*to be about to*
si se puede saber	*if I (one) may ask*
tener lugar	*to take place*
cumplir ____ años	*to turn one's ____th birthday*
hacer una fiesta	*to have a party*

PARTE SEGUNDA

La trayectoria° educativa por la que pasa el alumno es de una gran variedad en los distintos países hispanoamericanos, de acuerdo con° las necesidades y las posibilidades° de cada uno de ellos. Sin pretensiones de ser "típicos", tres jóvenes platican° sobre sus aventuras . . . o desventuras . . . escolares°. José es del Callao, Perú. Su abuelo era estibador° en aquel puerto, y estando divorciados sus padres, José fue criado por aquél° en una familia numerosa y poco acomodada°, cuyo "símbolo de prestigio" era el hecho de que el nieto asistía a un colegio particular y costoso. Por otra parte° Manuel, también de familia obrera, busca en la calle el "status" tan deseado, y a consecuencia de° sus travesuras° recibe fuertes castigos. Originario° de Quito, Ecuador, Manuel ofrece un perfil del joven descarriado° y pobre del medio ambiente° de un gran centro urbano. Luego vuelve a narrar Mercedes, nuestra uruguaya, quien estudia actualmente° en la preparatoria, y sólo le falta un año para presentarse ante los portales de la universidad. Ella vive en Montevideo, ciudad grande y moderna, y su familia le ha

trayectoria *pathway*
de acuerdo con *in accordance with*
posibilidades *means, resources*
platican *talk, chat*
escolares *schooltime*
estibador *dockworker*
aquél *him, the former*
poco acomodada *needy*
Por otra parte *on the other hand*
a consecuencia de *because of*
travesuras *misdeeds*
Originario *native*
descarriado *wayward*
medio ambiente *surroundings*
actualmente *presently*

proporcionado° amplias oportunidades para formarse° en las majores escuelas. De modo que° su descripción personal del sistema de educación uruguaya viene de un punto de vista lógicamente diferente de los anteriores, siendo resultado de experiencias positivas y exitosas° el caso de ella, y de desilusión y fracaso la historia de los primeros.

proporcionado *offered, granted*
formarse *become educated*
de modo que *thus*
exitosas *successful*

Con José, del Callao, Perú

(José es electricista, casado y tiene un hijo.)
—¿Cómo fue tu educación primaria?
—Los primeros tres años los pasé en un colegio mixto°, lo cual era muy mal visto° si uno era hombre. En el Perú, con muy pocas excepciones, las escuelas no son mixtas. Son o de hombres o° de mujeres, en aquella época la educación mixta no era siquiera bien vista, por lo menos en la capa social° a la que yo pertenecía. A partir del cuarto año de instrucción me matricularon en un colegio religioso, principalmente porque era el colegio religioso más caro que había en el Callao, lo cual era símbolo de prestigio. Cada colegio, y especialmente los particulares°, tenía su propio uniforme. Bastaba con° una mirada y a diez cuadras de distancia uno sabía a qué colegio iba tal chico. Y cuando yo salía de mi casa con uniforme de un colegio religioso, caro, le estaba dando prestigio a mi familia.
—¿No recibías también mejor enseñanza en un colegio particular?
—La calidad de la enseñanza no era lo que se buscaba. Las familias se imaginaban que porque eran religiosos y no tenían preocupaciones seculares°, la educación sería un poco mejor, pero no lo era. Las "mejores familias" mandaban a sus hijos a dicho° colegio . . . a menos que fueran extremadamente ricas, en cuyo caso no vivían en el Callao *(ríe)*. Me mandaron allí porque mi abuelo tenía mucho orgullo y quería "tirárselo todo encima"°, lo cual quiere decir gastar en los que los demás van a ver, aunque en casa no se tenga lo suficiente para comer.

colegio mixto *coeducational school*
mal visto *frowned upon (same as* mal mirado*)*
o . . . o *either . . . or*
capa social *social class*

particulares *private ones*
Bastaba con *all one needed was*

preocupaciones seculares *worldly concerns*
dicho *that*

"tirárselo todo encima" *"put on the dog"*

Con Manuel, de Quito, Ecuador

(Ha sido vendedor ambulante°, pero ahora está sin trabajo.)
—¿En qué parte de Quito vivías cuando eras niño, Manuel?
—Bueno, antes vivíamos en distintas partes de la ciudad debido a° que alquilábamos apartamentos o casa de año en año. Usualmente vivíamos en la parte norte de la ciudad y mi madre tenía un negocio, una tienda de abastos°, y mi padre empezó a manejar un taxi, y luego compramos una casa más al norte, cerca del aeropuerto donde ahora se vive° allí con la familia.
—A partir de los nueve o diez años, ¿cómo era tu vida?
—Debido a la situación de mi familia, que estaban separados mis padres por muchos años, mis dos hermanos estaban en colegios de internos°, pero yo estaba en un colegio público, a la cual asistí solamente en las mañanas, y

vendedor ambulante *street vendor*

debido a *due to (the fact)*
tienda de abastos *general store*
se vive *I live*

colegios de internos *boarding schools*

Los niños van uniformados a este colegio cubano.

en las tardes iba a trabajar con mi mamá, hasta el sexto año, de allí me cambiaron a un colegio católico. Hacían mucho énfasis porque estuviera° en ese colegio, para que aprendiera la vida religiosa, y en el cual estaba semi-interno°.
—¿En qué consiste eso?
—En que iba en la mañana y no salía hasta en la tarde, y no iba a casa a la hora del almuerzo. Y todos los profesores eran padres°, y teníamos todos los días dos lecciones de misa o catecismo, en la mañana y en la tarde. Y si uno llegaba atrasado° en la mañana, por cada minuto le daban con una varita° en la mano.
—Iban siempre con uniforme, ¿no?
—Sí, siempre con uniforme. Y tenía que estar el uniforme . . . nítido°.
—¿Cómo era tu uniforme?
—El uniforme era un suéter rojo con rayitas° azules, con un inicial y sello° del colegio, pantalón azul, zapatos negros.
—¿Lustrados°?
—Sí (ríe), siempre, siempre. Y siempre nos estaban viendo el pelo que estuviera corto°, y las uñas°. Tuve, no la oportunidad sino la obligación de ser un acólito°, o sea, ayudar a los padres en las misas, por casi un año y medio, y uno° iba a recoger el vino y ver toda la vida de los padres y los sacerdotes, y era interesante. Y me acuerdo que una vez fui a ver al padre

porque estuviera *that I be*
semi-interno *with partial board*

padres *priests*

llegaba atrasado *got there late*
varita *stick, ruler*
nítido *sparkling clean*

rayitas *pinstripes*
sello *seal*
Lustrados *polished*
que estuviera . . . *to keep it short*
uñas *nails*
acólito *altarboy*
uno *(implies "I")*

superior y le encontré con una mujer. Fue una cosa que me cambió mucho la mentalidad.

—¿Cómo era tu círculo de amigos?

—La clase social con que yo me relacionaba era baja. No sé por qué pero la mayoría de ellos no iba a la escuela.

—¿Qué hacían para pasar el rato°, para disfrutar?

—¡Ah, nosotros jugábamos al fútbol! Teníamos un grupo de amigos, y nos reuníamos después de la escuela, a las seis, teníamos una sigla° por la que nos identificábamos, y teníamos un . . . territorio, ¿no? de unas veinte cuadras a la redonda°, y se suponía que éramos "dueños" de ese barrio.

—O sea que eran una pandilla°.

—Exacto. Y había más de tres, cuatro pandillas por allí. Y teníamos la chompa° de cuero y usábamos blujeanes y botas. Y . . . en ese entonces° aprendí a tomar°. Era a los doce años. Siempre tratábamos de probar quién podía tomar más, no porque quería ver quién se emborrachaba más, no. Para ver quién no se emborrachaba.

—Para ver quién aguantaba°.

—Exacto. Y el más macho° era el último.

—¿Tomaban cerveza?

—¡No! Siempre solamente trago°.

—Aguardiente°.

—Exacto. También íbamos el domingo al cine, en la mañana había el "doble". Costaba la mitad de lo que costaba diariamente porque dos personas entraban con un boleto. Los sábados jugábamos al fútbol con otras pandillas y siempre apostábamos°. Si no apostábamos pues no jugábamos. Y era porque podíamos ganar°, entonces el grupo nuestro iba a ver a otro grupo para jugar a fútbol, y siempre los partidos acababan con golpes y peleas°. Y después de eso reuníamos el dinero para el próximo día e íbamos al cine.

—Así que jugando al fútbol ganaban lo suficiente para los tragos° y para el cine.

Exacto. El grupo, la pandilla nuestra variaba desde los veinticinco hasta doce años. Lo más importante en mi vida social era estar con mis amigos, jugar fútbol, y hacer cosas que hasta un punto son malas.

—¿Por ejemplo?

—Robando cosas, y si veíamos a algún borracho en la calle, le pegábamos para que no estuviera borracho°, y tuvimos bastantes problemas con la policía. Pero nunca, nunca fui a la cárcel.

Entonces me cambiaron a un colegio evangélico, de protestantes. Fue un cambio total. Fue la primera vez que estaba en un colegio mixto, muchachos y muchachas. Y fue diferente, y tuve muchos problemas porque siempre uno tenía que estar cuidándose, las maneras de uno. Me acuerdo que en el tercer año, en las fiestas del colegio, me fui con unos muchachos, compañeros mayores que yo, nos fuimos a tomar, y no volví a regresar° a la casa, o sea que tomé demasiado, y había empeñado° mi

pasar el rato *pass the time*
sigla *logo, sign*
unas veinte . . . *about twenty blocks around*
pandilla *gang*
chompa *jersey sweater, jacket*
en ese entonces *at that time*
tomar *to drink*
aguantaba *stand it, "hold" it*
macho *he-man*
trago *booze*
Aguardiente *liquor, moonshine*
apostábamos *made bets*
podíamos ganar *we might win*
golpes y peleas *hitting and fighting*
tragos *drinks (literally "swallows")*
para que no . . . *to teach him a lesson*
no volví . . . *I didn't go back*
empeñado *pawned*

abrigo y mi reloj, y al otro día° mi papá estaba buscándome, y me sacaron del colegio por una semana. Y mi papá me pegó°.

Otra cosa fue que, hay una planta que tenemos en nuestro país, que tiene unas pepitas° que, uno las aplasta° en un poco de agua y tienen un olor feo, nauseabundo. Y entonces antes de los exámenes finales, tres amigos y yo fuimos y las pusimos en todos los cuartos, y en las salas de clases, y al próximo día no había cómo dar clases°, y entonces se suspendió el colegio, pero estaban investigando quién lo hizo, y había una persona que sopló° y pues me expulsaron del colegio. Y entonces perdí el año por la disciplina°. El año próximo volví al colegio y me aceptaron provisionalmente°, que si hacía una sola cosa pequeñita mala, me botaban° del colegio.

—Y ¿te portaste bien?

—¡No! (*Ríe.*) Llegué a la mitad del año y todo estaba bien, y en la clase de química se me ocurrió° ponerle ácido sulfúrico sobre el sombrero de un maestro mío. Él era de los viejos, bien recto°. Le puse en la tapa° del sombrero (dibuja un círculo en el aire con el dedo) el ácido, y se le cayó la tapita, y me botaron del colegio, en el tercer año me botaron del colegio.

al otro día *the next day*
me pegó *beat me up*
pepitas *pits, seeds*
aplasta *squashes*
no había cómo . . .
there was no way to teach classes
sopló *ratted*
por la disciplina *in punishment*
provisionalmente *on probation*
me botaban *they would throw me out* (**botarían** *is standard*)
se me ocurrió *I took a notion to*
bien recto *really straight*
tapa *lid*

1. ¿Qué tipo de escuela era mal visto en el vecindario de José?
2. ¿Qué importancia tenía el uniforme escolar para la familia de José?
3. Según José, ¿cuál era más importante, que el hijo estudiara en un colegio bueno, o que estudiara en un colegio de alta categoría?
4. ¿Qué desventajas sufrió Manuel en sus primeros años de clases?
5. ¿Con qué tipo de muchachos andaba Manuel?
6. ¿A qué colegios asistió?
7. ¿En qué aspectos eran estrictos los profesores de él?
8. ¿Por qué no le gustó el colegio mixto?
9. ¿Qué cosas malas hacían él y sus amigos?
10. ¿Por qué fue expulsado?

PARA RESPONDER

Following is a list of phatics (pause words or phrases) encountered in this chapter. Match them with approximate English equivalents.

PRÁCTICA

_____ o sea
_____ pues
_____ bueno
_____ este
_____ o algo así
_____ ¿no?*
_____ o algo por el estilo
_____ es decir
_____ entonces
_____ ¿verdad?*

A. or something like that (2)

B. see?* (2)

C. uh

D. well (3)

E. that is (2)

*These may also indicate a question, but often merely mark a pause.

1. ¿De qué clase social son Manuel y José? ¿Cómo se sabe?
2. ¿Qué críticas hacen Manuel y José de su escuela?
3. ¿Qué críticas similares podría hacer Ud. de su escuela primaria?
4. En la comunidad de Ud., ¿qué diferencias existen entre los colegios públicos y los particulares?
5. En su comunidad, ¿cómo "se tira todo encima" para ostentar (*show off*) el bienestar económico o social de una familia?

PARA COMENTAR

Con Mercedes, del Uruguay

(*Es la alumna de preparatoria a quien ya conocemos.*)
—Por favor háblame del sistema de educación por el que ya estás pasando, desde el principio hasta ahora.
—Yo empecé a ir a una "núrsery" cuando tenía tres años, y . . .
—¿Así se llamaba, "núrsery"?
—Sí, "núrsery". También se le puede llamar jardín de infantes. Estuve allí por dos años. Cuando tenía cinco años fui a lo que nosotros llamamos preparatorio°, que es un solo año, y a los seis años empecé la escuela primaria. Era un colegio católico y teníamos que ir con túnicas blancas y corbatas azules, medias grises, zapatos negros y marrones. No sé . . . a mí me gustaba estudiar a esa altura°, y era la mejor de la clase, modestia aparte (*ríe*). La escuela primaria dura seis años, y de allí se pasa directamente al liceo°. Tenemos tres años de liceo, y luego tres años de bachillerato diversificado, o escuela preparatoria.
—¿Qué materias se siguen° en el liceo?
—Bien. Al entrar al liceo se toman doce materias, y no se puede elegir, hay que tomarlas todas. No me acuerdo, creo que eran matemáticas, idioma español, dibujo, educación física, geografía, historia, ¿qué más?, física, química, biología, ah bueno, no me acuerdo. Y luego, al entrar a bachillerato diversificado, hay que elegir entre humanidades y científica, y aún allí tenemos las mismas materias, pero distinta cantidad de horas en cada una. Si vamos a humanística tenemos más historia y literatura, y si vamos a científica tenemos más física y matemáticas. Y luego, antes de entrar al último año de bachillerato, podemos optar por un camino entre varios, o sea, llevamos descartando° posibilidades para el futuro, ¿no? y vamos más o menos eligiendo la carrera°.
—Y todo eso es pre-universitario.
—Pre-universitario, sí.
—Y, ¿los que° no irán a la universidad?
—Ah, sí, hay unas escuelas industriales, las llaman. Y tienen las mismas materias del liceo, y además tienen taller°, o carpintería, o electrónica, no sé cuántas materias más . . . las que uno elija°. Es para oficios°, no profesionales.
—¿Se entra a uno u otro a base de° examen?
—¿De exámenes? No, simplemente uno decide si quiere aspirar a una

(Not to be confused with **preparatoria,** as we shall see.)

a esa altura *at that stage*

liceo *middle school*

¿Qué materias . . . *what subjects are taken*

llevamos descartando *we go on eliminating*
vamos más o menos . . . *we more or less start choosing our careers*
los que *what about those who*
taller *workshop*
las que uno . . . *whatever one chooses*
oficios *trades*
a base de *on the basis of*

16 CAPÍTULO 1

carrera o hacer un oficio. Y, bueno, cuando terminan el bachillerato diversificado . . .

—¿A qué edad?

—Aproximadamente . . . yo voy a terminar antes de cumplir los dieciocho, y otra gente lo termina antes de los diecinueve . . . entonces, cuando terminan el bachillerato diversificado, para entrar a la universidad ahora hay que dar un examen°, y hay que aprobar° ese examen, y entrar a la Facultad de Derecho°, o de Ciencias Económicas, Agronomía, Letras°, Arquitectura, es decir, está especializada cada una, no es una universidad para todo.

—Pero todo eso lo tienes por delante°, ¿no?

—Por delante, sí.

dar un examen *take a test*
aprobar *pass*
Facultad de . . . *School (Division) of Law*
Letras *Humanities*
lo tienes por . . . *is ahead of you*

PARA RESPONDER

1. ¿Cómo se llaman las distintas escuelas por las que se puede pasar en el Uruguay?
2. ¿A qué edad, aproximadamente, se entra a cada una, y cuántos años se pasa en cada una de ellas?
3. ¿Cómo era el uniforme de la escuela primaria de Mercedes?
4. ¿Qué materias, más o menos, se siguen en el liceo?
5. ¿Qué opciones tiene el alumno en el bachillerato diversificado?

PRÁCTICA

Complete Ud. las siguientes oraciones, utilizando esta lista:

dan	mixto	oficio
sigue	aprueba	jardín de infantes
materias		

1. El colegio de muchachos y de muchachas es un colegio _____.
2. Se dice que una asignatura o materia se toma, se estudia, o se _____.
3. Un trabajo no profesional sino más bien técnico se llama _____.
4. Si el profesor toma un examen, los estudiantes _____ ese examen.
5. El que no suspende (*fails*) un examen, lógicamente lo _____.
6. A los tres o cuatro años, se entra en una "núrsery", o bien _____.
7. La física, las matemáticas, y demás, son distintas _____ _____ de la Facultad de Ciencias.

PARA COMENTAR

1. ¿Qué niveles educativos de la comunidad de Ud. corresponden con: jardín de infantes, preparatorio, escuela primaria, liceo, bachillerato diversificado o escuela preparatoria?
2. ¿Cuáles son algunas de las diferencias entre cada uno de los de arriba y los de su comunidad?
3. ¿Qué opciones equivalentes hay entre el sistema educativo de Ud. y el de Mercedes, al entrar al bachillerato diversificado?

4. ¿Qué equivalentes conoce Ud. que sean similares a las escuelas industriales del Uruguay?

VOCABULARIO ÚTIL

asistir a	to attend
a consecuencia de	because of
colegio mixto	coeducational school
ser mal visto (mirado)	to be frowned upon
ser bien visto (mirado)	to be accepted, smiled upon
matricularse	to enroll
particular	private
debido a	due to (the fact)
colegio de internos	boarding school
llegar atrasado	to be, arrive late
jardín de infantes	nursery school
colegio preparatorio, preparatorio	kindergarten
escuela primaria	primary school
liceo	middle school
escuela preparatoria, bachillerato diversificado	secondary, high school
tomar (seguir) una materia	to take a course
dar (presentar, tomar) un examen*	to take an exam
tomar (dar) un examen*	to give an exam
aprobar (pasar) un examen, una materia	to pass a test, a course
desaprobar (suspender) un examen, una materia	to fail an exam, a course

PARA DISCUTIR

¿Se atreve Ud. a generalizar? Casi todos los entrevistados de este libro insistieron en que "soy más o menos típico, pero no represento a toda Latinoamérica". Es decir, no quieren que el lector saque ideas estereotipadas acerca de una cultura tan diversa. "Estamos juntos, pero no revueltos (scrambled)", se dice a veces, o "no todos somos del mismo barro (clay)". Pero, ¿podría Ud. "representar" a su país, en su totalidad? Haga este experimento con un grupo de tres o cuatro personas:

A. *Cada uno describirá su niñez (grandes acontecimientos sociales, religiosos y familiares, juegos y pasatiempos de niñez, educación) ante los otros. Use palabras en inglés si hay necesidad, pero comunique en español.*

---

*The exact meanings of academic terms vary greatly (*curso* may mean a course or a whole school year), but *dar, tomar un examen* cause particular confusion, hence possibly the alternative phrases. You may even *sufrir* (undergo) *un examen.*

B. *Los otros harán una evaluación de su calidad de "típico" o representante de su país, pensando en otras regiones y agrupaciones sociales, y escogiéndole un número correspondiente en esta escala:*

NO TÍPICO		UN POCO TÍPICO		BASTANTE TÍPICO		MUY TÍPICO
1	2	3		4	5	6

C. *Todos los del grupo harán lo mismo (A y B). Luego el grupo decidirá quién es el más típico, y quién menos.*

D. *Cada uno responderá a estas preguntas:* (1) ¿Le gusta ser comparado con una idea rígida o simplificada de lo que constituye "típico" o "representativo"? ¿Qué sentimientos le causan estas comparaciones? (2) En realidad, ¿es posible ser típico? ¿Bajo qué circunstancias, si es posible? (3) ¿Cómo se puede conocer bien otra cultura sin caer en el error de estereotipos?

CAPÍTULO 2

Amigos, novios y matrimonios

PARTE PRIMERA

A todo joven le interesa saber algo de las actividades sociales entre los muchachos y las muchachas de otra cultura. Tocante a° lo hispanoamericano, conviene darse cuenta de° lo mucho que han cambiado tales costumbres. Éstas antiguamente constaban de cartas y poemas secretos, un joven que "rondaba"° la casa de ella, suspirando en la calle y buscando alguna seña, tal vez una cara sonriente que asomara por detrás° de la rejas° de la ventana, y luego, un arreglo concertado entre los padres de la pareja. Modernamente, no se arma "todo ese lío"°, como dice uno de nuestros jóvenes, pero se notará que ciertos elementos se conservan en el caso de Cleofás, de Puerto Rico, cuya familia y comunidad parece no haber adaptado los modales° libres de la muchacha uruguaya, Mercedes, en cuyo caso se verá una modernidad tal vez sorprendente. Por lo general, la gente que reside en las grandes ciudades ha asimilado más ideas "modernas" que las familias que, o viven fuera de los centros urbanos, o viviendo en ellos, mantienen todavía mucho contacto con la vida provinciana que es, en general, bastión y baluarte° del conservatismo.

Tocante a *regarding*
conviene darse... *one should realize*
"rondaba" *patrolled, prowled*
asomara... *look out from behind*
rejas *metal grillwork*
no se arma *they don't make such a fuss*

modales *manners*

bastión... *stronghold*

Con Cleofás, de Puerto Rico

(*Él cursa su primer año de universidad.*)
—¿Qué haces cuando quieres salir con alguna muchacha?
—Si uno no conoce a la muchacha ya, y la quiere en serio, y quiere salir con ella, por ejemplo al cine o algo así, usualmente uno tiene que ir primero a la casa, y que lo conozcan a uno°, conocer a los papás, siempre lo presentan a los hermanitos, y siempre le preguntan . . . todo depende de la costumbre de la familia pero por lo general el papá siempre pregunta "y ¿qué tú estudias?" y "¿de dónde tú eres?"° y todas esas cosas. Puede ser que la primera vez al cine te manden con un hermanito chiquito, y después, cuando lo van conociendo° y pasa el tiempo, pues entonces empiezan a salir solos. Pero también depende de la edad. Por ejemplo ya yo

que lo... *let them meet you*

tú estudias, tú eres
(This is colloquial word order.)
van conociendo *get to know*

tengo diecinueve años y posiblemente si invito a una muchacha a salir, pues la dejan salir sola sin problema, pero cuando yo tenía diecisiete años por ejemplo, tenía una novia y no la dejaban ir sola conmigo, tenía que buscarse una chaperona, o salíamos en grupo. Ella era de la misma escuela, y usualmente uno vive cerca, y así se forman grupos de amigos y entre ellos algunos novios.

—¿Cómo se sabe que la cosa va poniéndose seria°?

—Entre las muchachas y eso pues, cuando te empiezan a invitar a comer (*ríe*), por ejemplo el domingo, "mira, vamos para la casa de mi abuela, que quiere cenar con nosotros", y se entiende y cosas así. Lo empiezan a tratar a uno en la casa con confianza°, te ofrecen agua, jugo, y uno se da cuenta de . . . qué es lo que hay°. Al principio cuando tenía la última novia que tuve, pues al principio para entrar a la casa yo tocaba el timbre, no entraba hasta que no me dijeran° "entra" y no me sentaba hasta que no me dijeran "siéntate", y no les pedía yo nada. Después con el tiempo pues tocaba el timbre, si la puerta estaba abierta "entra" y "hola, ¿cómo estás? . . . Mira, te tengo° . . ." y hay comida y cosas así. Pero eso es cuando uno es de confianza, por supuesto. Y así uno sabe donde cuenta, y siempre lo invitan a uno a comer, a visitar a los abuelos, porque siempre los abuelos quieren conocer al amiguito de la niñita, cosas así.

—¿Adónde llevas a la muchacha al salir?

—Yo la llevaba al cine. O sea cuando salíamos solos, al cine, a bailar, pero teníamos que regresar temprano, a menos que fuéramos en grupo. Entonces con la familia pues íbamos a visitar a la abuela, a la isla . . . usualmente muchos abuelos viven en la isla.

—Es decir, fuera de la ciudad, en el campo.

—El campo, sí.

—Así que en muchas ocasiones salías con la familia de la novia.

—Sí, los papás me invitaban a ir con ellos . . . ah, íbamos mucho a la playa los domingos. En Puerto Rico es una costumbre, pero más de los jóvenes. Porque los papás posiblemente se van al cine y allá comen. Pero cuando uno va creciendo°, ya se puede liberar un poco de los papás, y "adiós papi y mami, yo voy pa° la playa". Cuando uno es más joven, tiene que ir a todos lados° con los papás, uno tiene que aguantar° eso, es decir "hoy vamos a visitar a tu abuela, a tu tía, a tu madrina, hace tiempo que no nos visitamos", y entonces uno tiene que aguantar eso, pero cuando uno ya crece, uno se va para la playa. Y en Puerto Rico hay también un . . . mall, shopping center° . . . no sé cómo decirlo en español. . . .

—Un centro comercial.

—Un centro comercial. Se llama La Plaza de Las Américas. Entonces pues hay siempre mucha mucha gente. Y así uno va para la playa, se lleva su pantalón y su camisa, porque si está lloviendo en la playa, pues uno se va para La Plaza de Las Américas, y hay una gran cafetería, y uno se puede pasar allí la tarde, y hay juegos, y hay pizzería, y uno come y se está allí un rato. Y siempre te encuentras allí a° mucha gente que hace tiempo que no

va poniéndose . . . *is starting to get serious*

con confianza *"like family"* (Chapter 6.)
qué es . . . *what's going on*
hasta que . . . *until they told me*

Mira, te tengo *look, here's some*

va creciendo *begins to be grown up*
pa *para*
a todos lados *everywhere*
aguantar *put up with*

mall . . . (Much English is used in Puerto Rico.)

te encuentras . . . a *meet*

AMIGOS, NOVIOS Y MATRIMONIOS   21

¡Así nace el amor!

ves°, gente de otras escuelas que conoces, cuando estás en el equipo de la escuela, o algo.
—El centro comercial ha reemplazado un poco la verdadera plaza de las ciudades, ¿no es verdad?
—Correctamente. Hablando de la plaza, en San Juan hay una, que es la plaza de San Juan. Entonces si uno pasa por el día por la plaza, ve a gente jugando a dominó, el juego de dominó es juego de la gente de edad°, con su cervecita o su botellita de Don Q, que es ron, dándose el palo° y jugando a dominó. Entonces por la noche pues, en la placita esta que yo digo°, pusieron un sitio para beber. Entonces esta plaza cogió mucha fama°, entonces se llenaba mucho por la noche, muchos jóvenes, muchos. Empezó a llenar° tanto, entonces todo el mundo iba borracho y a fumar marijuana y eso, y lo que pasó fue que había muchas peleas. Entonces llegó un tiempo que a las doce de la noche tenían muchos guardias°, a dar macanazos° y a sacar a la gente de allí, y se armaron peleas con botellas. Salió en todos los periódicos y el gobierno puso acción°, y pusieron muchos guardias hasta que controlaron, y ahora es un sitio tranquilo.

hace tiempo *haven't seen for a long time*

gente de edad *older people*
dándose el palo *having a drink*
la placita esta . . . *this little plaza I just mentioned*
cogió mucha fama *became well known*
llenar *llenarse*
guardias *police*
a dar macanazos *hitting with billyclubs* (macanas)
puso acción *took action*

PARA RESPONDER

1. Según Cleofás, ¿qué hay que hacer antes de salir por primera vez con una muchacha?
2. ¿Qué preguntas le hace el papá al chico?
3. ¿Quién es el chaperón o la chaperona que a veces los acompaña?
4. ¿Cómo le indica la muchacha al muchacho que le gusta de veras?
5. ¿Cómo indica la familia que el muchacho es ahora de confianza?

6. ¿Cómo se portaba Cleofás en la casa de su novia antes de que lo consideraran de confianza?
7. ¿Adónde van las parejas o los grupos de jóvenes en la comunidad de Cleofás?
8. En Puerto Rico, ¿qué quiere decir "en la isla"?
9. Según Cleofás, ¿qué hacen muchas familias los domingos?
10. ¿Qué pasatiempo practica mucho la gente de edad en la Plaza de San Juan?
11. ¿Qué dificultad tuvieron las autoridades en esa plaza durante las noches?

PRÁCTICA

Llene Ud. el espacio en blanco con el elemento (item) *apropiado.*

chaperón   de edad   de confianza
timbre   macanazo   se arma

1. En vez de "ocurre" o "acontece", si uno habla de una pelea o lío, se dice que _____ esa pelea o ese lío.
2. De la persona que es amigo íntimo en una casa se dice que esa persona es _____.
3. La gente vieja, anciana, es gente _____.
4. La persona que acompaña a una pareja es _____.
5. Para entrar en una casa, hay que tocar primero el _____.
6. Si un golpe con una botella es un botellazo, un golpe con una macana es un _____.

PARA COMENTAR

1. ¿Qué reglas son normales en la comunidad o en la familia de Ud. para los jóvenes que quieren salir de noche?
2. ¿Adónde van los jóvenes de su comunidad para socializarse?
3. ¿Cómo pasa su familia los fines de semana o los domingos?
4. ¿Existe en su comunidad algún lugar donde se reúne la gente, semejante a la plaza de tradición latina?
5. ¿Ha habido en su comunidad dificultades con grupos de jóvenes, semejantes a las que describió Cleofás?

Con Mercedes, del Uruguay

(*Mercedes es la chica de diecisiete años que ya conocemos.*)

—Vamos a hablar de las relaciones, o sea, la socialización entre muchachos y muchachas. Para comenzar, ¿cuáles son las reglas que te han impuesto en tu familia?

—Muy pocas (*ríe*). Por ejemplo, no tenemos una edad para citar a chicos, no hay. Cuando una entra al liceo, aproximadamente tiene doce años, y a esa altura empieza a salir en grupo, por ejemplo cuatro o cinco chicas y cuatro o cinco muchachos. Y van a bailar, o al cine, o algo.

—Pero son chicos conocidos por parte de° la familia, ¿no?

—Sí, son compañeros del liceo, y a veces son del barrio.

—Y no son desconocidos.

—Ah, no. Todo el mundo sale con gente conocida, o en todo caso° con amigos del hermano del amigo (*ríe*). Hay cadenas, sí.

—¿No hay chaperón?

—No, nunca. Que yo sepa°, nunca.

—¿No hay restricción alguna°?

—La verdad que no. No tenemos un horario para volver. Es muy libre. Por ejemplo, salimos aproximadamente a las once de la noche, y volvemos, no sé . . . depende. Por ejemplo se puede ir al cine, a la función° de la una de la mañana y volver a eso de° las tres. Se puede ir a bailar a las cinco o las seis de la mañana. A veces se queda uno a tomar desayuno en el lugar donde estaba bailando, y vuelve a las ocho de la mañana. Y no pasa nada, y nadie se queja°, nadie protesta.

—Cuando los muchachos pasan por° la casa de la muchacha, ¿entran a la casa para hablar con los padres?

—No. Los padres, la mayoría de las veces, saben que la chica sale con alguien, pero no saben ni con quién.* O, es decir, una les dice, ''voy a salir con un compañero de clase'', y ellos dicen, ''está bien, no vuelvas muy tarde''.

—¿Cómo se encuentran°?

—A veces el chico toca el timbre y la chica baja y ellos salen directamente, no entra a presentarse a los padres. Y otras veces directamente toca la bocina°, y la chica mira por la ventana, y sabe que es él, y baja. Y otras veces directamente se encuentran° en el lugar, por ejemplo si ellos van al cine, cada uno va por su lado°, y se encuentran a la entrada . . . si el chico no tiene auto, sí. Muchos no tienen auto, pero hay muchos ómnibus y taxis.

—Sinceramente, ¿cómo se portan los jóvenes hoy en día°, en tu experiencia?

—Nosotros no tenemos el problema que existe en Estados Unidos, que . . . hay mucho sexo, y hay mucho problema de adolescentes embarazadas°, no tenemos eso. Creo que en las clases muy bajas puede ser que se encuentre ese problema, y a veces en las clases muy altas también, pero la mayoría de mi país es clase media, y en la clase media no es nada común eso. Las chicas saben cuidarse, y los chicos no les faltan al respeto°, no le piden a nadie que vaya a la cama con ellos o algo así.

—¿Sería muy mal visto que un chico hiciera eso?

—Horrible. Nadie saldría con él nunca más.

por parte de	*by*
en todo caso	*in any case*
Que yo sepa	*as far as I know*
alguna	*at all*
función	*show, showing*
a eso de	*about*
se queja	*complains*
pasan por	*come by*
se encuentran	*meet, get together*
directamente toca . . .	*just honks the horn*
directamente se . . .	*they just meet*
cada uno . . .	*each goes his own way*
hoy en día	*nowadays*
embarazadas	*pregnant*
no les faltan . . .	*aren't disrespectful*

---

*Parents often find out who their daughter is dating and feign indifference or ignorance so long as the young man is acceptable to them.

—¡Ajá! Ahora, dime, por favor, ¿cómo se sabe que hay realmente algo más que mera amistad en una pareja?

—Depende de la pareja. Porque cuando una tiene quince años por ejemplo, casi todo el mundo tiene novio pero no duran mucho, tal vez dos o tres meses, y ella cambia de novio, y otra vez, y otra y otra. Pero cuando tiene diecisiete, dieciocho años, la mayoría ya está pensando en algo más serio, y yo no sé, supongo que se nota, que seleccionan más° y no aceptan al primero que se le declara°. Generalmente cuando están formalizando°, la chica lleva al chico a su casa, y se lo presentan a los padres.

—Y el padre no interroga, ¿no?

—No, no las primeras veces, no. Cuando uno tiene dieciocho años, todavía no. El padre directamente° trata de ser amable, si le agrada el chico. Y si luego siguen bien°, y si piensan en casarse . . . no sé, creo que en algunos casos le piden permiso al padre, pero generalmente van y dicen que se quieren casar.

—¿Eso es todo?

—En otros casos todavía menos, es decir, ya van con la fecha, y dicen "tal día nos casamos" y eso es todo. No creo que ningún padre se oponga°. No es como antes, que armaban todo ese lío°.

seleccionan . . . *are more choosy*
se . . . declara *proposes*
formalizando *getting serious*

directamente *just*
si luego . . . *if they keep on getting along*

se oponga *would object*
que armaban . . . *when they made all that fuss*

1. ¿Qué reglas tienen en la familia de Mercedes, cuando ella sale con muchachos?
2. ¿Qué hacen las amistades de Mercedes cuando salen, por ejemplo, a bailar?
3. ¿Con qué muchachos salen generalmente las muchachas?
4. ¿Cómo se reúnen las parejas al salir?
5. ¿Por qué los jóvenes, amistades de Mercedes, se portan bien con las muchachas?
6. Según Mercedes, ¿cómo formaliza la pareja su noviazgo?

PARA RESPONDER

Llene Ud. el espacio en blanco con la palabra o frase de la lectura anterior indicada por su sentido.

PRÁCTICA

| falta | a eso de | cuenta |
| quejarse | en serio | confianza |

1. Una persona que no habla en broma, habla _____.
2. En vez de decir "aproximadamente a las dos de la tarde", se puede decir "_____ las dos de la tarde".
3. Un joven que se porta mal ante la gente mayor le _____ al respeto.
4. Lamentar o protestar mucho, se llama _____.
5. Al amigo íntimo de una familia se le trata con _____.
6. Saber o descubrir un hecho es darse _____ de él.

PARA COMENTAR

1. ¿Cómo se formaliza un noviazgo en su comunidad?
2. ¿Qué papel desempeñan los padres que Ud. conoce: es un papel de autoridad, de consejos, o de permiso?
3. ¿Por qué no existe en español un término equivalente a *going steady*?
4. ¿Cuál es la impresión que tiene Mercedes de los jóvenes norteamericanos? ¿De dónde posiblemente sacó (*got*) sus impresiones de la vida norteamericana?
5. ¿A Ud. le parece justa o correcta la opinión de ella? Explique.

VOCABULARIO ÚTIL

en serio	*seriously*
ser de confianza	*to be as one of the family*
darse cuenta de	*to realize, notice*
aguantar	*to put up with, stand*
en todo caso	*anyway, in any case*
que yo sepa	*as far as I know*
a eso de	*about (with time of day)*
quejarse de	*to complain*
pasar por	*to come by for, pick up*
encontrarse (a, con)	*to meet, get together*
portarse	*to act, behave*
faltarle al respeto	*to be disrespectful to someone*
depender de	*to depend on*
declarársele	*to propose, ask to be one's* novio
armar (un lío, una pelea, etc.)	*to provoke, make (a disturbance)*
directamente	*just (Uru.)*

PARTE SEGUNDA

Siendo natural° de una provincia venezolana, Santiago relata, en la historia de su cortejo° y casamiento, una serie de episodios más o menos tradicionales: el control de los padres, la larga espera, dos ceremonias, una religiosa y otra civil, y en todo, un notable énfasis religioso y católico, aunque cabe mencionar° que en Venezuela y en otras repúblicas hispanoamericanas existe en varias formas "libertad de culto", es decir, de religión. Pero incluso° en México, cuya radical Constitución de 1917 es fuertemente anticlerical, el perfil cultural sigue siendo muy católico, por lo menos de tradición.

Antonia, una joven ama de casa° colombiana que reside en Bogotá, describe luego dos aspectos de la vida hispánica que tal vez no tengan contraparte en la vida angloamericana: un sistema onomástico° que puede incluir no solamente el nombre de un santo, el de su nacimiento sino también el apellido del padre así como el de la madre. Después explica ella

natural *native*
cortejo *courtship*

cabe mencionar *it should be mentioned*

incluso *even*

ama de casa *housewife*

onomástico *name-giving*

un poco más acerca del sistema de compadrazgo°, que sirve para proteger al ahijado, y también forma fuertes lazos° invisibles entre adultos, hasta tal punto que se ha dicho que en los casos donde el angloamericano busca ayuda en las *Yellow Pages,* el latino no las necesita, porque puede contar con° algún compadre.

compadrazgo *ritual co-parenthood*
lazos *bonds*

contar con *count on*

Con Santiago, de Venezuela

(*Santiago es maestro y administrador de escuela.*)
—Siendo joven casado, ¿podría Ud. contarme algo de su noviazgo, y cómo Ud. conquistó a esa linda muchacha que es ahora su esposa?
—Bueno, comenzaré diciendo que mi actual° esposa la conocí en forma coincidental, por decirlo así°. Recuerdo claramente como estaba yo en mi trabajo, y . . .
—Perdón. ¿Dónde trabajaba?
—Trabajaba en un liceo de enseñanza secundaria°, estaba entregando las calificaciones de un trimestre°, y ella vino acompañando a una amiga. A decir verdad° no sentí nada. Al contrario° la que me gustó fue la amiga (*ríe*) . . . ¡ella sabe que es° así! Aproximadamente como unas tres semanas después, alguien me dijo que un amigo estaba enfermo. Yo fui a ver a ese amigo a su casa, primera vez que le visitaba. Cuál no sería mi sorpresa° que al llegar me conseguí a° la que es hoy mi esposa, dándole un vaso de leche, y al yo verla° me sorprendí porque creía que ella era su novia. Resulta que era su hermana.
Después de eso, pues, no le dije nada pero siempre estuve pendiente de ella°, em° . . . no recuerdo si le dije palabras bonitas o no. Me gustó, ¿ve?° (*Ríe.*)
—¿Cómo dio Ud. el primer paso°, para salir con ella?
—Bueno, simple y llanamente° siempre hay una excusa. Le dije, "¿podrías acompañarme a la librería?" Bueno, ella respondió, recuerdo algo así: "No tengo nada que hacer ahorita, sí puedo acompañarte°". Claro, la excusa mía era salir con ella, sí fuimos a la librería pero no busqué absolutamente nada en la librería (*ríe*).
—¿Y después?
—Bueno, salíamos muy a menudo°. Pero para mala suerte mía, diría yo, ella estaba en su último año de estudios de preparatoria, para ir a comenzar su carrera profesional°. Cuando yo la conocí fue precisamente faltando como unos cinco meses para terminar el año escolar. En sí° la forma, lo que en Venezuela llamamos una declaración, sí le hice esa declaración, pero en realidad fue algo tan mutuo que (*ríe*), no hubo muchas palabras que decir. Pero el objetivo de su padre era que su hija terminara su último año y se fuera a profesionalizar°. Inmediatamente la idea que se me vino a la mente°

actual *present**
por decirlo así *so to speak*

liceo de . . . *secondary school (Ven.)*
calificaciones . . . *a quarter's grades*
A decir verdad *to tell the truth*
Al contrario *on the contrary*
es *fue*
Cuál no sería . . . *imagine my surprise*
me conseguí . . . *I encountered*
al yo verla *al verla yo*
estuve pendiente . . . *I still had my eye on her*
em *uh (phatic)*
¿ve? *right?*
dio Ud. . . . *did you take the first step*
simple y . . . *quite simply*
sí puedo . . . *sure I can go with you*

muy a menudo *quite often*
carrera profesional *professional studies*
En sí *in itself, as such*
se fuera a . . . *go on to professional study*
se me vino . . . *came to my mind*

---

*This by no means implies that Santiago had previous wives, as word order makes clear. Contrast with *mi esposa actual,* which implies "my present [not previous] wife."

AMIGOS, NOVIOS Y MATRIMONIOS   27

como para retenerla fue la idea del matrimonio, algo que para sus padres era completamente absurdo, porque ellos iban a impedir ese matrimonio a costa de lo que fuera° porque siempre habían aspirado, bueno, que todos sus hijos sólo se casaran después que fuesen profesionales.

—¿De modo que Ud. habló con el papá de ella?

—Sí. Tuve una entrevista que tampoco se me olvida nunca°, esa era la entrevista más nerviosa que he tenido en mi vida, era lo que uno llama, "pedirle la mano". Sí tuve una entrevista muy difícil, y ya yo sabía la respuesta, era "no". Sin embargo yo insistí, y después de eso pasaron como tres años, y nos escribíamos porque yo quedaba en la provincia y ella fue a la capital a estudiar; y a los tres años° nos casamos. Hubo que esperar a que ella se graduara, pero . . . ¡la locura de uno que está enamorado! . . . tampoco me arrepiento° por supuesto (ríe).

—¿Cómo fueron las bodas°? ¿Hubo dos ceremonias?

—Sí. Los preparativos incluyeron menudencias° y pequeños detalles como los anillos de bodas, si se iba a hacer fiesta, dónde iba a ser la fiesta. Bueno, quedamos en° que la fiesta iba a ser, como se acostumbra en nuestro país, en la casa de la novia.

—¿Cómo fue la primera ceremonia?

—Nos casamos por lo civil el veinticinco de agosto en la mañana, y . . .

—¿Eso fue en la casa?

—No. Nosotros fuimos a la casa del Jefe Civil, que es como el alcalde. Llegué con cuarenta minutos de retraso (ríe).

—¿En qué consistió la ceremonia?

—Es una ceremonia muy simple, muy sencilla, porque se supone que antes de una pareja ir a casarse°, debe de participarlo con cierta anticipación°. De manera que se publican inclusive° carteles, carteles públicos, por si° hay algún impedimento, en sitios públicos, en carteleras específicas para ello en la puerta de la Jefatura Civil, o podría ser en el periódico.

—¿Y no en la iglesia?

—Allí también. Hay que participarlo en la iglesia como cinco domingos antes del matrimonio. Después de cada periodo de la misa el sacerdote anuncia el casamiento de la pareja por si hay algún impedimento.

—¿Hay también análisis de la sangre, todo eso?

—Sí, cómo no. Hay que sacar lo que llamamos una Carta de Soltería, que es un documento que certifica que las personas que se van a casar están legalmente aptos° para ser casados, es decir, no están casados con anticipación, o si han sido casados, ya tienen documento de divorcio. Bueno, además de esa Carta de Soltería, le piden al cónyuge°, o a las personas que se van a casar, un Certificado de Salud que incluye un análisis de la sangre. Bueno, ese día nos casamos nada más° por lo civil, y cada quien para su casa°.

—Entonces, ¿cuándo se casaron por la iglesia?

—Al otro día.

—¿Cómo fue esa ceremonia?

a costa de . . . *come what may*

tampoco se me . . . *I'll never forget, either*

a los . . . *after three years*

tampoco me . . . *I'm not sorry either*
bodas *wedding*
menudencias *trifles*
quedamos en *we agreed*

Ⓑ

antes . . . *antes de ir a casarse una pareja*
participarlo . . . *announce it in advance*
inclusive *even*
por si *in case*

aptos *suited*

cónyuge *wedded person*

nada más *only, just*
cada quien . . . *everyone went home*

El día del matrimonio, hay procesión a la iglesia.

—¡Preciosa fue la ceremonia eclesiástica! Antes de casarse hay como una especie de° pequeño sermón que el sacerdote le° dicta a los novios en privado. Entonces hay que confesarse al sacerdote para cumplir con el rito del sacramento, después hay que comulgar°. En la iglesia recuerdo que esperaba junto con mi mamá y mi familia como . . . mi novia cobró lo que a ella le debía° del día anterior . . . ella llegó como cuarenta minutos de retraso. Venía muy linda, con su vestido blanco, muy linda. Luego entonces, eh . . . primero recuerdo que pasamos mi madre y yo por todo el centro° de la iglesia, era en el proceso ese de que mi madre me llevaba al altar. Entonces venía mi novia con su papá que la traía, también pasaron por el mismo sitio, la iglesia muy bonita, muy bien decorada con alfombra° por el centro. Entonces su papá me la entregó en el altar, ¿verdad? y mi mamá me dejó en la mano de ella en el altar.* Luego ellos se separan y viene el sacerdote, y otra vez lee las condiciones del matrimonio, y qué era lo que debía hacerse, luego pregunta, igual que en el civil, que si él la acepta por esposa y mujer, y que ella lo acepta por marido. Luego, en la ceremonia civil dicen "en nombre de la República los declaro unidos como

una especie de *a sort of*
le *les (often sing. in speech)*
comulgar *receive Holy Communion*
mi novio . . . *collected (got even) for what I owed her*

por todo . . . *clear down the aisle*

alfombra *(a) carpet*

---

*Note that there are no ushers or bridesmaids.

matrimonio civil", y en la iglesia dice "en nombre de la Santa Iglesia Católica Apostólica y Romana los declaro matrimonio eclesiástico".

—¿En qué momento se pone el anillo?

—Ah, bueno, eso . . . es en la ceremonia eclesiástica. El esposo le coloca el anillo en el dedo anular° de la esposa, de la mano derecha. O sea, cargar° el anillo de matrimonio en la mano derecha, eso es sinónimo ya de estar casada.*

dedo anular *ring finger*
cargar *carry, wear*

PARA RESPONDER

1. ¿Dónde trabaja Santiago?
2. ¿Cómo conoció a su novia?
3. ¿Quién le gustó más al principio?
4. ¿Qué pretexto usó para salir con ella?
5. ¿Quién era más joven, Santiago o su novia? ¿Cómo se sabe?
6. ¿Por qué se opusieron los padres al matrimonio?
7. ¿Cuáles fueron las dos ceremonias de matrimonio?
8. ¿Dónde fue la primera ceremonia?
9. Describa brevemente la segunda.
10. ¿Dónde lleva la mujer casada el anillo de matrimonio?

PRÁCTICA

Busque el sinónimo.

_____ con cuatro días de retraso
_____ a los cuatro días
_____ por si
_____ casamiento
_____ con cuatro días de anticipación
_____ por supuesto
_____ por cuatro días
_____ en todo caso

A. en caso de que
B. cómo no
C. boda
D. durante cuatro días
E. después de cuatro días
F. cuatro días antes
G. de todas maneras
H. cuatro días tarde

PARA COMENTAR

1. En el caso particular de Ud., ¿cómo conoció su padre a su madre?
2. ¿En qué consistió el cortejo de ellos?
3. ¿Qué anuncios, certificados, documentos, etc., se exigen para casarse en su comunidad?
4. Describa brevemente una boda a la que Ud. asistió.
5. ¿En qué consiste ahora la declaración que hace el novio? ¿En qué consistía antiguamente?

Continuamos con el relato de Santiago

—¿Qué fiesta hubo después del matrimonio? ¿Vino mucha gente?

—Mucha gente. Y me pasó una anécdota° (*ríe largamente*). . . . Es que cuando alguien se va a casar, acostumbramos pasar° dos tipos de tarjetas.

Y me pasó . . . *the funniest thing happened*
pasar *send out*

---

*It is also customary for the bridegroom to present the bride with ten new pennies, in symbol of his ability to support her.

Si no se va a celebrar, se pasa una "tarjeta de participación" que dice por ejemplo, "Fulano de Tal° y Fulana participan a ustedes el matrimonio eclesiástico (o civil), acto que se efectuará°. . . ." y la fecha. El otro tipo de tarjeta es la "tarjeta de invitación", es algo más formal, cuando se hace una recepción. Nosotros no pensábamos en realidad en hacer gran fiesta o recepción, pero mis amistades entonces se dieron por° invitados (*ríe*), y cuando menos lo pensábamos°, en la casa pues habían° por lo menos quinientas personas (*ríe y hace una mueca°*). Mi país es un país muy fiestero°, sinceramente. Lo primero fue que había whiskey, champaña, emm, cerveza. . . . Fiesta sin bebidas alcohólicas, eso no es fiesta, ¿verdad?

—De acuerdo°. ¿Dónde se celebró?

—En la casa de mi novia. Alquilan un club o un salón a veces, pero más frecuentemente es° en la casa de la novia, con música y baile. Hay muchas mesas en el patio, con muchos adornos y lo que llamamos pasapalos°, que son como galletas° o queso para comer a medida que uno va tomando su whiskey o lo que haya de tomar.

—Y los invitados traen regalos, ¿no?

—Sí, traen regalos.

—Y está la torta de rigor°, ¿no?

Fulano de Tal *So-and-So*
que se efectuará *will take place*

se dieron . . . *took themselves for*
cuando menos . . . *when least we expected*
habían *había*
mueca *grimace*
fiestero *party-loving*
De acuerdo *right, agreed*
es *takes place (otherwise would be* **está***)*
pasapalos *hors d'oeuvres, entremeses*
galletas *crackers*

de rigor *obligatory*

—También. Dentro de la torta va un regalo, le decimos dije°. Eso es siempre un regalo de oro o de plata de parte de los padres de la novia, o la novia misma que lo compra. Puede ser un anillo, puede ser la figura de un animal, puede ser un corazón, cualquier figurita de oro, digamos. Va dentro de la torta, y de la torta salen muchas cintas. Una de esas cintas lleva atado el dije, pero nadie sabe dónde está sino la persona que hizo la torta. Entonces las muchachas solteras, en el momento del novio y la novia partir la torta°, se acercan alrededor de los novios y cada una de ellas toma una cinta en la mano, y hala°. La muchacha que salga favorecida con el dije, ésa es la que tiene más suerte, algunas personas dicen que ésa es la persona que posiblemente sea la próxima en casarse.

—Y ¿después de la fiesta?

—Después de la fiesta existe lo que se llama la fuga° de los novios. Los novios se van en un momento cuando nadie se da cuenta, en un momento dado° se pregunta "¿dónde están los novios?" "Bueno, los novios se fueron". También al final de la fiesta viene la comida. Ya cuando se da la comida es como si le dicen° a uno en la fiesta "por favor váyanse, esto se acabó°" (ríe).

—Es la invitación de marcharse, entonces.

—Sí (ríe). Yo recuerdo que ya nosotros teníamos estipulado dónde íbamos a dormir, y en el momento de la fuga nos fuimos al hotel, entonces al otro día emprendimos el viaje, la luna de miel°.

—Y como dicen en los cuentos de hadas°, vivieron felices para siempre.

—Todavía vivimos felices (ríe).

le decimos... *we call it the charm*

en el momento... *en el momento de partir (cut, divide) la tarta el novio y la novia*
hala *pulls*

fuga *flight, getaway*

dado *given, certain*

dicen *dijeran*
esto se acabó *it's all over*

luna de miel *honeymoon*
cuentos de hadas *fairy tales*

Con Antonia, ama de casa colombiana

—Una cosa que les confunde mucho a los angloamericanos es el sistema latino de apellidos°. ¿Podría Ud. explicármelo?

—Sí, cómo no. Por ejemplo, mi nombre de soltera° era Antonia Mercedes Balbuena Henríquez. Se lleva uno del papá, Balbuena, y sigue el de la mamá°, Henríquez. Un hombre llevaría el mismo nombre hasta que muera, pero cuando una mujer se casa, pierde el apellido de la mamá y pone al final el de su esposo. Ya soy Antonia Mercedes Balbuena de Viana. O muchas veces Balbuena tampoco se usa, y queda uno, Antonia Mercedes de Viana, por ejemplo.

—En todo caso, después de casada, Ud. se llama "señora de Viana".

—"De Viana", exactamente.

—Y los hijos, ¿qué apellidos tienen?

—Primero, el del papá, y después, el de la mamá. Pero el nombre de la familia es el del papá. Mi hija es Patty Viana Balbuena. Hasta que encuentre un hombre, se case, y pierda el apellido de la mamá (ríe). Pero los hombres al casarse no cambian el apellido, ni el paterno ni el materno. El hijo será siempre Pedro Viana Balbuena, o simplemente Pedro Viana B.

apellidos *last names, family names*
de soltera *maiden, unmarried*
sigue el... *the mother's goes next*

—Muy bien. Ahora, ¿podría decirme cómo se ponen° los nombres de pila° en su familia?

—Se usa un nombre de un santo que corresponda con la fecha del nacimiento, o el nombre del padrino, la madrina, un tío, o un buen amigo.

—Y si el cumpleaños, el día del nacimiento, no corresponde con el día onomástico°, se pueden celebrar los dos días, ¿no?

—A veces, sí. Por ejemplo, si su cumpleaños es el 19 de marzo, día de San José, a lo mejor° le ponen ese nombre, José . . . o Josefina. Pero si su nombre es José por otra razón y nació otro día, sin embargo puede celebrar su día onomástico, el 19 de marzo, y la gente va a desearle° un feliz día, porque su nombre de pila es José.

ponen *give* (i.e., a name)
nombres de pila *first names*

día onomástico *dia del santo or saint's name day*

a lo mejor *most likely*

desearle *wish you*

PARA RESPONDER

1. ¿Por qué había mucha gente inesperada en la recepción de bodas de Santiago?
2. ¿Qué es el dije, y qué creencia o superstición va conectada con él?
3. ¿Dónde encontrará Ud. a Jorge Roldán Serís en una guía telefónica: bajo la letra J, la R, o la S?
4. Si Beatriz Gómez Herrero se casa con Jorge Roldán Serís, ¿cómo se llamará ella?
5. ¿Qué apellido tendrán los hijos?
6. Según el sistema onomástico hispánico, ¿cuáles son los apellidos de usted?

PRÁCTICA

Llene Ud. los espacios en blanco con los elementos de la lista.

| pendiente | menudo | amistad | se me olvidó |
| actual | apellido | marcharse | nombre de pila |

1. El nombre de familia es el _____.
2. Si Ud. piensa mucho en una cosa o en una persona, Ud. está _____ de ella.
3. Un sinónimo de "frecuentemente" es "a _____".
4. En inglés *actual* quiere decir "verdadero", y en español _____ quiere decir *present, up to date*.
5. Se puede decir "olvidé mi libro", o se puede decir que mi libro _____.
6. Mi amigo es también mi _____.
7. Irse, o salir, es también _____.

¿Qué elemento de la lista sobra? Dé una definición de ese elemento en sus propias palabras.

PARA COMENTAR

1. ¿Qué fiestas se hacen después de las bodas en su medio ambiente?
2. ¿Qué tradición angloamericana es similar a la del dije? ¿Podría describirla?

3. ¿Qué ventajas o desventajas ofrece el sistema de nombres onomásticos, en su opinión?
4. ¿Cómo se acostumbra poner nombres de pila en su familia? ¿De dónde vino su nombre, y por qué?

VOCABULARIO ÚTIL

natural	native
libertad de culto	freedom of religion
incluso	even
nombre de pila	first, given name
apellido (paterno, materno)	last name (father's, mother's)
actual	present, up to date
por decirlo así	so to speak
a decir verdad	to tell the truth
al contrario	on the contrary
estar pendiente de	to be aware of, have one's eye on
a menudo	often
olvidársele a uno	to slip one's mind
a los tres años	three years later
arrepentirse (de)	to repent, be sorry
quedar en	to agree on
de retraso, con retraso	late
con anticipación	in advance
por si (acaso)	in case
cómo no	of course
darse por	to consider oneself as
en todo caso	in any case, anyway
a lo mejor	most likely

PARA DISCUTIR

Para equipos de dos personas. A se inventará una identidad y nombre ficticios, hispánicos. Luego, B le hará una entrevista a A, utilizando las preguntas que se dan a continuación, y tomando apuntes (notes). Trátense de tú. Por último, los dos escribirán separadamente una relación de lo dicho: A usará "yo", y B usará "él" o "ella".

1. ¿Cuál era tu nombre antes de casarte? ¿Y el de tu amor?
2. ¿Cómo conociste a tu amor?
3. Al salir con tu amor, ¿adónde ibas?
4. ¿Tenían que ir siempre acompañados?
5. ¿Cómo percibiste que su amor iba en serio?
6. ¿Dónde se encontraban para salir?
7. ¿Cómo se hizo la declaración?
8. ¿Hubo dos ceremonias de bodas, o una sola? Explica.
9. ¿Adónde fueron Uds. en su luna de miel?
10. ¿Cuál es tu nombre ahora? ¿Y el de tu amor?

CAPÍTULO 3

Padres, hogares y familias

PARTE PRIMERA

Aquí presentaremos a unas ocho familias por medio de° individuos que hablan de su hogar°, de sus padres, de las actividades de su casa, y de la atmósfera que allí predomina. Veremos aquí a familias de diversos tipos sociales y geográficos, por lo cual° no son identificables como "típicas" ni aun "representativas", pero sí dan la oportunidad de observar y comparar. La primera parte dará a conocer° familias de rango° social más o menos acomodado, cuya posición socioeconómica les permite sostener una serie de costumbres que no pertenece a las clases obreras. Martín proviene de una familia bastante adinerada cuyo padre es abogado, banquero, y terrateniente°. Es de Bogotá, Colombia. Asimismo la familia de Andrés, de Guayaquil, Ecuador, siendo el padre ingeniero y ejecutivo, es de elevado rango social. Antonia, a quien ya conocemos, es de una provincia colombiana, su esposo y sus padres son profesionales, como se verá; y Cleofás, a quien también conocemos, de Puerto Rico, tiene padres que trabajan en el mundo de negocios.

por medio de *by means of*
hogar *household*
por lo cual *for which reason*
dará a conocer *will introduce, speak about*
rango *rank*

terrateniente *large landholder*

Con Martín, de Bogotá

—¿Podrías describir primero a tu papá?

—Sí, mi papá es una persona supremamente recta en cuanto a° morales, extremadamente conservador, tanto en la política como en° sus concepciones morales. El es, como todo abogado°, supremamente... bueno, no debería decir como todo abogado... como la minoría de los abogados (*ríe*), es supremamente respetuoso de las leyes. El en muchas oportunidades° rechazó° ofrecimientos que se le hubieran podido brindar°, por el simple hecho de estar en la posición en que estaba, gran riqueza. El considera de extremado mal gusto la interrelación con clases sociales inferiores°, o sea, simplemente dice que "cada uno tiene su sitio". Pero él, dentro del conservatismo de sus ideas, él no es tan conservador en cuanto

B
en cuanto a *concerning*
tanto en... como en *in... as well as in*
todo abogado *all lawyers*

oportunidades *occasions*
rechazó *rejected*
brindar *offer*

inferiores *lower*

PADRES, HOGARES Y FAMILIAS

Un "coctel" en un barrio acomodado de Lima.

al papel de la mujer en general. O sea, el concepto que tiene de la mujer en una profesión es bastante alto. Mi mamá, como la mayoría de las mujeres, no tuvo una formación° universitaria, pero tiene una cultura general bastante bien formada°. Y mi papá siempre se opuso a que ella trabajara, o algo así, es ésa una consideración muy típica, conservadora: la mujer es quien mantiene el hogar y el hombre es quien trabaja. La mujer debe cuidar el hogar y debe hacerse cargo de° las cosas de la casa y de los hijos, etcétera.

—Además de su profesión, ¿qué intereses tiene tu papá?

—Su gran afición era la equitación°, él montaba a caballo y participaba en competencias de salto° y adiestramiento° durante mucho tiempo. Ya últimamente no lo hace con tanta frecuencia, y su otra gran afición es el campo. Toda su vida mis abuelos tuvieron finca°, y mi papá y mis tíos también tuvieron finca y ahora tenemos una pequeña finca, de ganadería lechera° en la sabana°. Entonces la mayoría de su tiempo la pasa dividida entre la oficina de abogado y el campo.

formación *education*
cultura general . . . *fairly broad background*

hacerse cargo de *take charge of*
equitación *horsemanship*
salto *jumping*
adiestramiento *training, "dressage"*
finca *estate, plantation*
ganadería lechera *dairy cattle*
sabana *grasslands of Colombia and Venezuela*

B

Con Andrés, de Guayaquil, Ecuador

—¿Cómo es tu familia?

—Mi papá es ingeniero mecánico, y él trabaja en una compañía grande, es ejecutivo. Yo voy a un colegio particular, católico.

—¿Y el ambiente, la atmósfera de tu casa?

—En mi casa, si tenemos algún problema, o algo ha pasado, o algo que mi papá dice y que a mí no me gusta, y le digo "a mí no me gustó lo que tú dijiste". Yo lo trato de tú, tenemos bastante confianza°.

—¿Hay otra cosa que caracterice a tu familia?

—Sí somos° en mi familia bastante autosuficientes. Yo estaba leyendo el otro día un libro en la biblioteca de mi colegio, y decía el libro que en la familia latinoamericana los hijos son completamente dependientes de los padres hasta que se casen, y eso no es verdad. Yo, por ejemplo, hace cinco años, tenía yo doce años. Mi papá tenía un viaje de negocios, él se fue al Brasil. Mamá y mis dos hermanitos se fueron a visitar a mis abuelos en Chile, y yo me fui a visitar a amigos en Colombia. Toda la familia dispersa. Dígame si hay dependencia allí.

—Parece que no. Pero, ¿podría tener algo que ver eso con el hecho de que° tú eres varón? ¿Podría hacer eso una muchacha de doce años?

—Sí. Todos piensan que somos machistas°, que la mujer es una esclava en la casa, y yo de verdad eso no lo entiendo. Por ejemplo, en mi mamá. Ella está siempre en la casa, pero es porque le gusta tener plantas, cocinar, coser y hacer esas cosas de la casa. Aunque ella tiene una sirvienta y todo, ella lo hace porque le gusta.

—¿Qué hace la familia como pasatiempo?

—Los fines de semana vamos todos de campamento°. Así que vamos allí a la playa, a cien kilómetros°, fuera de todo° y donde no hay nadie, solamente el mar y el cielo. Hacemos una fogata°, tenemos una tienda de campaña° bastante grande, y pasamos un bastante buen rato°. Es lindo°.

Yo lo trato . . . *I use* **tú** *with him, (and) we're really close*
Sí somos *we certainly are*

¿podría tener . . . *could that have something to do with the fact that*
machistas *he-men (See Chapter 6.)*
de campamento *camping*
a cien kilómetros *a hundred kilometers away*
fuera de todo *away from everything*
fogata *bonfire*
tienda de campaña *tent*
pasamos un . . . *we have a really good time*
lindo *nice*

1. ¿Cuál es la profesión del padre de Martín?
2. ¿Cómo ha tenido oportunidades de ser rico?
3. ¿Qué piensa el padre de Martín en cuanto al contacto social entre clases económicas?
4. ¿Cuál es su actitud ante la mujer que ejerce una profesión, en general?
5. ¿Cuál es su actitud, en particular, de que su propia esposa trabaje o no?
6. ¿Qué pasatiempo le gusta mucho al padre de Martín?
7. ¿Cuál es la profesión del padre de Andrés?
8. ¿Qué ambiente prevalece en la familia de Andrés?
9. ¿Qué hizo Andrés cuando tenía doce años?
10. ¿Qué comprueba eso, según él?
11. ¿Qué clase de vida lleva (*leads*) la madre de Andrés?
12. ¿Qué hace la familia los fines de semana?

PARA RESPONDER

PRÁCTICA

Busque Ud. el equivalente encontrado en el texto.

se opuso a que
tenemos bastante confianza
de verdad
oportunidades
pasamos un buen rato
en cuanto a
radica
se hace cargo de

1. Es una persona supremamente recta *con respecto a* (_____) morales.
2. En muchas *ocasiones* (_____) rechazó ofrecimientos.
3. Yo lo trato de tú, *somos muy allegados* (_____).
4. Mi papá siempre *se negó a que* (_____) ella trabajara.
5. Yo *en realidad* (_____) eso no lo entiendo.
6. Hacemos una fogata, y *nos divertimos mucho* (_____).
7. Ella ahora *reside* (_____) en Bogotá.

¿Cuál es el elemento que sobra en la lista? Escriba Ud. una frase original, utilizándolo.

PARA COMENTAR

1. ¿Cuál es la profesión del padre de Ud.?
2. ¿Qué profesión ejerce su madre?
3. En su familia, ¿quién limpia la casa? ¿Quién prepara las comidas y lava los platos? Explique Ud. por qué.
4. En su opinión, ¿es bueno tener sirvientes, o no? Defienda su opinión.
5. ¿Por qué hay menos sirvientes en la sociedad angloamericana?

Con Antonia, de Colombia

(Es una joven ama de casa que vive con su madre, su esposo, y sus tres hijos. Es nacida en una provincia, pero radica ahora en Bogotá.)

—¿Qué hace una ama de casa en un día cualquiera? Por ejemplo, su madre.

—Es una vida muy atareada°, y ella es una mujer muy activa. Ella se levanta, prepara el desayuno . . . se hace caldo°, o sea, agua con papas, se le echa a veces carne o costilla°. Y chocolate, queso . . . bueno, es un desayuno bastante grande (*ríe*).

—Su papá, ¿qué trabajo hace, si se puede saber?

—El es geólogo.

—O sea que trabaja mucho en el campo, su trabajo es duro.

—Sí, bastante duro. Bueno, mi madre . . . ella es enfermera . . . ella tiene que salir para el hospital, son siete horas más o menos de trabajo, y regresa. Pero casi en todas las familias colombianas, más o menos familias de clase media y alta, se tiene servicio en la casa, que hace todo, cuida a los niños, prepara las comidas, todo. De día y de noche. Se les da el domingo para que salgan°, nada más.

atareada *extremely busy*
caldo *soup*
costilla *rib, cutlet*

el domingo . . . *Sunday off*

—¿Se podría decir que no es nada raro que una ama de casa trabaje fuera°?

fuera *away* (from home)

—No no no. Es necesario.

—Pero eso es algo nuevo, ¿no?

—Sí, anteriormente no se hacía, las mujeres no trabajaban, vivían . . . pues, trabajaban en la casa, que es más pesado° (*ríe*).

pesado *boring*

—¿Y no es una cosa mal vista, que trabaje?

—No no no. Al contrario, se necesita porque la vida en Colombia está bastante dura, la situación económica está terrible, terrible. Y se necesita trabajar para tener, pues, buenas entradas°, para llevar más o menos bien el hogar, ¿no? sin tantas dificultades.

buenas entradas *a good income*

Con Cleofás, de Puerto Rico

—Descríbeme cómo es tu familia, la vida diaria de tu familia, por favor.

—Bueno, mi familia consiste en mi mamá, mi papá, dos hermanos, una mayor, de veintidós años, una menor, de dieciséis, y yo, de diecinueve. Mi papá tiene un negocio, vende productos de belleza a las farmacias, como champú y productos así para el pelo. Entonces, además trabaja como

PADRES, HOGARES Y FAMILIAS   39

agente de seguros, de vida. Tiene dos trabajos y con eso nos mantiene a toda la familia. Mi mamá trabaja medio día en una oficina, de secretaria°.
—Además de trabajar, ¿qué hace tu papá?
—Bueno mi papá por ejemplo no tiene mucho tiempo para pasatiempos, porque tiene mucho trabajo. El no pesca, ni juega al golf, ni nada de eso porque no le da el tiempo°. A él le gusta mucho la pelota, mirarla, y le gusta mucho el mar, pero con la vida que tiene no le da el tiempo para nada de eso. Los domingos cuando los tiene libres, los tiene que dedicar al patio, porque tenemos un gran patio en la casa y tiene que cuidarlo. Y ahora que estoy fuera° y no le ayudo, más todavía. Yo siempre paso la máquina° y él arregla los árboles, porque nosotros tenemos muchos árboles de frutas y hay que sacarles la hierba y cortarles las hojas, podarlos°, pero ahora lo tiene que hacer todo. Hasta que yo llegue en verano, entonces me pone a trabajar en el patio.

de secretaria *as a secretary*

no le da . . . *he doesn't get the time*

fuera *away*
paso la máquina *cut the grass*
podarlos *prune them*

Ⓐ

1. ¿Qué trabajo hace la mamá de Antonia? ¿El padre?
2. ¿Qué trabajos tiene la sirvienta de la casa de Antonia?
3. Según Antonia, ¿está bien que una mujer casada trabaje? ¿Por qué?
4. ¿Qué trabajos tiene el papá de Cleofás? ¿Su mamá?
5. ¿Qué pasatiempos le gustaría tener al papá de Cleofás?
6. ¿Por qué no los hace?
7. ¿Cómo se pasan las horas libres en la casa?

PARA RESPONDER

Escoja Ud. el elemento que no corresponda a cada serie, y luego explique por qué escogió ese elemento, y no otro.

PRÁCTICA

1. profesión	oficio	trabajo	ganadería
2. conservador	geólogo	enfermera	sirvienta
3. campamento	pelota	fogata	pesca
4. equitación	confianza	amistad	intimidad
5. patio	hierba	árboles	hojas

1. ¿Por qué el papá de Antonia toma un desayuno tan fuerte?
2. ¿Trabajaba fuera de la casa la abuela de Ud.? ¿La madre de Ud.? ¿Por qué o por qué no?
3. En su comunidad, ¿es totalmente bien visto que una mujer trabaje? ¿Qué limitaciones se le pone a la mujer que quiere o necesita trabajar?
4. En la familia de Ud., ¿cómo se pasan los fines de semana en el invierno? ¿En el verano?
5. ¿Quién cuida del patio o jardín de su casa? ¿Por qué?

PARA COMENTAR

por medio de   *by means of*
dar a conocer   *introduce, inform about*
en cuanto a   *about, concerning*

VOCABULARIO UTIL

40 CAPÍTULO 3

formación universitaria	university education
conservador	conservative
conservatismo	conservatism
ir de campamento, de camping	to go camping
hacerse cargo de	to manage, take charge of
tratar de tú (usted)	to use tú (usted)
tener que ver con	to have to do, connection with
a cien kilómetros	one hundred kilometers away
de verdad	really
ser nacido en	to be a native of, born in
radicar en	to reside in
de día (noche)	by day (night)
pesado	boring, bothersome (lit. "heavy")
buenas entradas	a good income
consistir en	to consist of
trabajar de secretaria	to work as a secretary

PARTE SEGUNDA

En esta segunda parte continuamos con charlas sobre la vida familiar y hogareña°, pero con la diferencia de que aquí trataremos de familias de clase obrera, las clases "humildes", que es como se llaman frecuentemente en español, pero no son necesariamente tal: ni humildes ni humilladas, ni mucho menos°. Margarita, por ejemplo, es estudiante universitaria argentina, y de fuerte tendencia intelectual. Su padre es un obrero jubilado°. Luego hablaremos con Santiago, de la provincia venezolana, cuyo padre es agricultor; aunque Santiago, hombre profesional, ha adquirido una perspectiva urbana y cosmopolita, su padre sigue con su modo de ser° provinciano y tradicional. Jesús, nuestro próximo conversante, es un joven padre de familia, chicano, radicado ya en una zona industrial norteamericana, pero sus padres y su familia continúan en su vida de campesinos migrantes tejanos. Luego, por último habla Manuel, de Quito, que sobre este tema tiene muy poco que decir, como ya se verá.

hogareña *household* (adj.)

ni mucho menos *not at all*
jubilado *retired*

modo de ser *life-style*

Con Margarita, señorita de Salta, Argentina

—Háblame de tu mamá, quizás un día típico.
—Hablar de mi madre es, para empezar°, como buena salteña°, y creo yo como buena latina, es un poco llenarse de dulzura°. Pero yo trataré de ser bastante objetiva. Ahora se levanta tarde, porque le ha atacado el asma, entonces ella tiene que evitar los frescos de la mañana o de las tardes.
—Entonces ella no prepara el desayuno, ¿verdad?
—Bueno, es que en mi casa el desayuno es muy simple. Es simplemente un té° con una rebanada° de pan y un poquito de mermelada. . . . En-

Ⓐ
para empezar *to begin with*
salteña *native of Salta*
llenarse de dulzura *get a bit syrupy*

un té *a (cup of) tea*
rebanada *slice*

tonces, tiene que ir a comprar la carne, porque sigue con esta costumbre de hacer compras todos los días, y tiene que ir hasta el almacén de la esquina° a comprar algunos ingredientes. Luego, bueno, cocina, luego comemos.

—O sea, la comida más amplia de tu casa es. . . .

—Al mediodía, el almuerzo. Seguramente después se va a ver la televisión, porque hay una telenovela° después de comer, entonces se prende° el tele y mi papá y mi mamá se prenden° en el televisor.

—¿A qué hora es esto?

—Esto es a las dos de la tarde. Después de eso, ella posiblemente lava todo, las ollas, los platos, la cocina, va por los dormitorios, limpia un poco allí. Si es invierno posiblemente se mete a° la cama, y cose°, remienda°, ¿no?

—¿Será porque hace frío y no hay calefacción°? Yo sé que la calefacción de las casas es generalmente un calentador eléctrico, portátil, y nada más.

—Sí, y otra razón es que su asma le impide salir afuera, se tiene que cuidar mucho.

—¿Hay criada en tu casa?

—No, no tenemos. Además, somos pocas personas. Somos mi mamá y mi papá, una niña adoptada, y yo.

—¿Cuál es la rutina diaria de tu papá?

—También se levanta un poquito tarde . . . es jubilado . . . si no tiene que hacer diligencias°. Todas las diligencias las hace él, por esto quiero decir pagar los impuestos°, ir al banco, comprar el diario. Hace unos ejercicios, toma mate°, una o dos tazas . . . si no, no se queda contento . . . y va a hacer las diligencias. Bueno, en seguida es la hora de comer, entonces almorzamos, ve televisión, hace su siesta, se levanta, y a todo esto° ya son las cuatro de la tarde más o menos. Sigue leyendo su diario, y es la hora de tomar un mate. Entonces, o ve televisión o se pone a conversar con unos señores vecinos que también son obreros jubilados como él. Sale a la vereda° y conversa.

—¿No sale a jugar a cartas, a tomar°?

—No, no le gusta. Aparte° mi madre protestaría porque eso es "vicio".

—¿Tampoco los deportes?

—Ah, le gusta el fútbol, y él es acérrimo partidario° de un club de la ciudad. A eso se va, pero solamente los domingos, porque los partidos de fútbol, los de primera°, son el domingo.

Con Santiago, de Venezuela

—Dime* ¿qué rasgos de personalidad se destacan en tu papá?

—Ah, bueno, mi papá es una persona . . . él es agricultor° . . . él es una persona más bien alegre. Pero es una persona muy correcta, en el sentido que° a veces, a veces a las cosas pequeñas les da mucha importancia.

---

*This conversation with Santiago takes place some weeks after the one on pp. 26–31. Meanwhile he and the author have become good friends, and thus now speak in informal address.

---

almacén de la esquina *"corner store"*

telenovela *soap opera*
se prende *they turn on*
se prenden *glue themselves* (pun with the two uses of **prender**)

se mete a *gets into*
cose *sews*
remienda *mends*
calefacción *heating*

hacer diligencias *do errands* (Such routine matters cannot usually be done by mail; often messengers, **mandaderos,** are hired by the better-off.)
impuestos *taxes*
mate *tea from* **yerba mate** *herb*
a todo esto *by this time*

vereda *sidewalk*
tomar *to drink*
Aparte *besides*

acérrimo partidario *fervent supporter*
de primera *first-class*

Ⓐ

Ⓑ

agricultor *farmer*
en el . . . que *in the sense that*

—¿Por ejemplo?

—Por ejemplo que lleguemos y no se le pida la bendición°, ya eso es una ofensa. Y hay cosas, por ejemplo . . . mi papá es amigo de que° mis hermanas . . . él piensa en esta forma: el día que mi hermana llegara a tener un novio, necesariamente tiene que casarse con él.

—Entonces es tradicionalista, y no admite el concepto de etapas° de noviazgo, ni mucho menos el de "romper" un noviazgo.

—No. Entonces yo no quisiera pensar cuál sería la reacción de mi papá si una de mis hermanas llegara a salir en estado de preñez sin casarse. Mi papá se moriría.

—¿Y mamá?

—¡Imagínate! Y . . . "la vergüenza"°, y "lo que van a decir los vecinos". . . . Pero yo en ese aspecto soy más parco°, ¿ves? Yo diría, "bueno, vamos a encontrarle una solución al problema".

—¿Conoces casos de ese tipo en los cuales el padre o el hermano inclusive° busca al hombre responsable para. . . .

—¿Para matarlo? Sí, cómo no. Esto se ve mucho en el interior del país, es decir, la provincia.

—¿Qué más le importa a tu papá? ¿Los deportes? ¿La política?

—No, no no no. Nada de eso. Le importa su trabajo (ríe). Por ejemplo, él siembra° el café. Y le importa la cosecha°.

—¿Qué hace tu papá en el poco tiempo que tiene libre?

—Ah, bueno, acostarse. En el chinchorro, que es una . . . hamaca. Se acuesta en su chinchorro en el patio de la casa, debajo de las matas°. Pero eso es muy ocasional, no es algo muy frecuente.

—¿Qué es lo que te inculcó° más tu padre, para que fueras un buen hombre?

—Caramba, chico, hay algo que aprendí de él, y es esto: las cosas no pueden ser negativas, y hay siempre algo bueno en cualquier persona, por

bendición *blessing* (See Chapter 6.)
es amigo . . . *a firm believer that*

etapas *stages* (e.g., going steady, etc.)

¡Imagínate! . . . *just imagine (how she would go on about) "the shame of it"*
parco *moderate*
inclusive *even*

siembra *grows*
cosecha *crop, harvest*

matas *bushes, foliage*

inculcó *instilled*

Se pasa el tiempo jugando a los dominós.

mala que sea. Y que uno tiene que enseñarle a la gente que lo respete a uno. Y otra cosa, que no hay que hablar por hablar°. Pero yo hablo mucho, a veces yo pienso que el día que me quede mudo°, de pensar que estoy mudo, me muero. Hablar es vivir (*ríe*).

hablar por hablar *to talk just to talk*
que me . . . *when I can't talk*

PARA RESPONDER

1. Para Margarita, ¿en qué consiste, en parte, el ser un buen salteño o un buen latinoamericano?
2. ¿Qué vida lleva la madre de Margarita, en cuanto al trabajo diario que hace?
3. ¿Qué hace ella en la mañana? ¿En qué vieja tradición sigue ella?
4. ¿Qué hace ella en la tarde? ¿En qué nueva tradición se ha puesto ella?
5. ¿Cuál es la situación del padre de Margarita, en cuanto al trabajo?
6. ¿Qué aficiones tienen los padres de ella?
7. ¿Qué trabajo hace el papá de Santiago?
8. ¿Cuál es el rasgo sobresaliente de su papá?
9. ¿Qué ejemplos usa para ilustrar ese rasgo?
10. ¿Qué consejos le ha dado su papá a Santiago?

Haga Ud. corresponder las frases o frases equivalentes de las dos listas que siguen.

PRÁCTICA

_____ to commence, begin   A. jubilarse
_____ to run errands   B. meterse en
_____ to stand out   C. hacer diligencias
_____ to retire   D. importar
_____ to be mute   E. ponerse a
_____ to matter   F. quedarse mudo
                                        G. destacar

¿Cuál es el elemento sobrante? _____. *Úselo en una frase original.*

1. ¿Qué aspectos de la vida de las familias de Margarita y Santiago dan a conocer que no son de clases altas? ¿En qué clase(s) socioeconómica(s) las pondría Ud.?
2. ¿Son ellos de pueblos provincianos o de grandes ciudades capitalinas (*capital*)? ¿Cómo se sabe?
3. ¿Qué cosas más les importan a los padres de Ud.? Nombre dos cosas. ¿Se las han inculcado a Ud.?

PARA COMENTAR

Con Jesús, joven chicano*

—¿Podrías contarme la historia de tu familia, de cómo vinieron para el norte?

B

---

*Jesús's dialect, although not conforming to standard Spanish, represents the language of millions of Hispanic Americans. *Nonstandard usages will be given in standard equivalents in the margin when first encountered and italicized later wherever they occur.*

44 CAPÍTULO 3

—Bueno, cuando yo tenía unos seis años mi apá° tenía un garaje°, era manager° por Mobil Oil Company, y a mi amá° hasta como veinticuatro años pa atrás°, le da gusto mirar la novela "As the World Turns". Así es que no están muy afuera de tiempo, estamos con la onda, en lo que está pasando°. Y mi apá pues fue a la escuela, cuarto grado° no más°, y mi *amá* hasta el sexto *grado*. Mi *apá* sabe un poco° inglés, se defiende ondequiera°, y es muy buen mecánico. Pero semos° doce de familia, y cuando éramos cinco, seis, siete, el sueldo de mi *apá* no completaba° pa° toda la familia, asina° es como comenzamos a salir *pa* el norte, a los trabajos, de migrant farm workers°, y *asina* es como vine a dar yo donde me encuentro, andando por acá°.

—¿Qué trabajo hace ahora tu papá?

—Ahorita emplea el título de farm worker crew leader°, o troquero de trabajo de labor°, es como el supervisor. El le paga a la gente, quita dinero *pa* el gobierno.

—Y, ¿el resto de la familia?

—Bueno, yo soy el segundo de mayor, y *no más* yo, y tengo otra hermano que semos gradados de° la escuela. Y el más chico de la familia tiene siete años y la mayor tiene veintinueve. Y hay unos cinco o seis que tienen la oportunidad de gradar de° la escuela secundaria pero no están *gradados*, no por falta de quererse educar más, pero en la familia de nosotros, o sea *farm workers*, no hay muncho° tiempo *pa* estudiar. Por ejemplo yo no fui como cualquier otro estudiante del uno al doce, fui hasta nueve *no más*. A los quince años me fui de la escuela y dispués° de trabajar en la labor°, decidí educarme mejor.

—Tocando en "la labor", ¿dónde han trabajado tú, tu papá y la familia?

—El trabaja en Texas, en el Valle del Río Grande°, de noviembre hasta marzo, en la naranja. La naranja y toronja. *Dispués* se sale para los estados, para Louisiana, a la fresa, y de allí se sale *pa* Tennessee, antes corriéndonos° por Arkansas, un mes en cada lugar, por lo más. Y después se va *pa* el estado de Illinois y Michigan.

—¿Cuáles son las cosechas° en esos lugares?

—Fresas. Bueno, en Michigan hay cereza. Eso viene a dar como° en junio y julio. Y *dispués*, pues se va a Indiana y Ohio, al tomate y el pepino°, como a mediados de° agosto. Dura hasta septiembre, y de allí se sale *pa* atrás *pa*° el Valle, y dos semanas de descanso. En cada brinco° hay una semana o dos que no hay mucho trabajo ni nada. A todos les gusta ir a los trabajos si hacen° dinero pues, . . .

—¿Por qué les gusta?

—Es duro el trabajo y todo, hay dinero en veces°, y *en veces* no, depende cómo° están las cosas. Es un trabajo, yo creo, a que los méxicoamericanos están acostumbrados, porque naiden° los manda. Si es un trabajo pos° se puede ir para otro lado, pero no es como de las nueve de la mañana a las cinco de la tarde. El trabajo lo puede dejar°, ¿no?

—Verdad. Y, en tu casa, ¿cómo va la vida de tu familia? ¿Hay problemas?

apá papá
garaje taller, gasolinera
manager gerente de
amá mamá
pa atrás para atrás
no están . . . no están muy atrasados, estamos al corriente (*up to date*) de lo que pasa
grado año
no más nada más
un poco un poco de
se defiende en dondequiera *gets by anywhere*
semos somos
completaba alcanzaba
pa para
asina así
migrant . . . campesinos migrantes
vine a . . . *I wound up where I am, living around here*
farm worker . . . capataz de obreros
troquero . . . camionero
semos gradados de nos graduamos en
gradar de graduarse en
muncho mucho
dispués después
la labor (*migrant*) *labor*

Río Grande (in Spanish, **Río Bravo**)

corriéndonos pasando

cosechas *crops, harvests*
Eso viene . . . *that comes in about*

pepino *cucumber(s)*
a mediados de *in the middle of*
se sale . . . se vuelve
brinco *"jump"*
hacen ganan

en veces a veces
depende . . . depende de cómo
naiden nadie
pos pues
dejar *quit*

—Sí. Estos hermanos míos hoy en día.
—¿Los menores?
—Sí. Esto ha pasado como en los últimos años. Bueno, cuando yo andiba° a la escuela de tercer, cuarto *grado*, usaba *nomás* tres pantalones por semana, y tres camisas. Ahora mis hermanos, hasta el de siete años, si tiene una rompidita° en el pantalón, o si no está planchado, se enoja con la madre, cree que no puede ir *asina* a la escuela. Yo, antes, yo recuerdo, yo a los ocho años iba hasta descalzo°. Y, es muncha diferencia°. Es el tiempo, los años que van pasando. Vienen a la casa a las tres de la mañana, *en veces* a las cuatro. Yo nunca llegué a las dos, tres de la mañana, hubiera sido un gran crimen.
—En tu opinión, ¿por qué ha pasado esto?
—Se han metido más americanos a° la región, y . . .
—¿ . . . la región fronteriza de Texas?
—Sí, y el chicano ahorita te habla más bien en inglés que en español. Yo no digo que lo hablo° perfecto, pero me daría vergüenza olvidarlo. Tengo primos que no les puedo hablar en español porque me dicen "what are you saying, man?" o "hey, man, don't give me that language", *asina*. Y ellos tienen el pelo más negro que yo, y el color de la piel más café que yo, y *pos*, da pena.

andiba andaba

rompidita rotura *(tear)*

descalzo barefoot
es muncha . . . es muy diferente

Se han . . . *more Americans have gone into*

hablo hable

Con Manuel, de Quito

—Ya mencionaste una vez que tu mamá tiene una pequeña tienda de abastos, y que tu papá es taxista. ¿Cómo es tu papá?
—Pues mi papá, como estuvo mucho tiempo en el militar, a él no le gustaba usar la correa°, él usa el puño°. Nunca se le podía decir nada, siempre uno tenía que agachar° la cabeza y . . . lo que venga°. (*En este momento Manuel, como al parecer no le gusta el recuerdo, se calla y se queda mudo.*)

correa strap, belt
puño fist
agachar lower, bow
lo que venga let it come

1. En el case de Jesús, ¿qué trabajos ha tenido su padre, y qué hace ahora?
2. ¿Cuál es la gran afición de su mamá?
3. ¿Adónde viajan para trabajar, y en qué consiste el trabajo?
4. ¿Por qué es difícil seguir en la escuela, estando la familia de uno en "la labor"?
5. ¿Qué aspectos de "la labor" le gustan a Jesús?
6. ¿De qué se queja él, en cuanto a su familia?
7. ¿Recuerda Ud. quién es Manuel? (Véase el Cap. 1.) ¿Qué clase de vida llevó él, de niño?
8. ¿Por qué no quiere hablar Manuel de su padre?

PARA RESPONDER

Escriba Ud. equivalentes de los siguientes coloquialismos chicanos en español "standard".

PRÁCTICA

1. amá _____
2. pa _____

3. muncho _____
4. andiba _____
5. en veces _____
6. grado _____
7. semos _____
8. salir (ir) pa tras _____
9. asina _____
10. pos _____
11. naiden _____
12. troca, troquero _____

PARA COMENTAR

1. ¿Qué atributos personales muy admirables revela Jesús en su plática?
2. ¿Conoce Ud. a gente campesina (o en general, obrera) angloamericana? ¿Cómo compararía Ud. a esa gente con las familias de Jesús, Manuel y Santiago?
3. En su opinión, ¿qué aprende la madre de Jesús, mirando novelas televisivas?
4. Jesús echa la culpa (*blames*) a la influencia angloamericana por los malos modales de sus hermanitos y primitos. ¿Es justa esa acusación? Explique su opinión.

VOCABULARIO ÚTIL

tratar de	to talk about, speak of
ni mucho menos	not at all
modo de ser, vivir	*way of life, life-style*
llenarse de dulzura	to become sweetish, syrupy
prender	to turn on (electricity), to stick
meterse a, en	to get into
hacer diligencias	to run errands
ponerse a	to begin to, start to
ser acérrimo partidario	to be a fervent supporter
ser amigo de que	to be a firm believer that
importarle a uno	to matter to one
por . . . que sea	no matter how . . . may be
defenderse	to get by (in a language)
ir, venir a dar en	to wind up in
alcanzar	to be enough
darle gusto	to be pleased with, like
por falta de	through lack of
a mediados de	in the middle of (week, month, etc.)
dejar	to quit (as a job)
dar pena, darle pena	to be a pity, make one sorry

PARA DISCUTIR

Tome Ud. una posición y defiéndala: indique Ud. su reacción a cada una de las siguientes frases, según la escala de posiciones, y después explique por qué tomó esa posición, usando ejemplos del libro y de su propia experiencia en su respuesta.

1. "La familia latina es más unida que la angloamericana".

   DE ACUERDO   EN DESACUERDO
   A   B   C   D   E   F

2. "El padre es el jefe absoluto en la familia latina, y la mujer es su esclava; no es así en la familia angloamericana".
   A   B   C   D   E   F

3. "Los latinos son más perezosos que los angloamericanos".
   A   B   C   D   E   F

4. "La influencia angloamericana en la familia es mala".
   A   B   C   D   E   F

CAPÍTULO 4
Universidad o trabajo

PARTE PRIMERA

Por larga tradición, las universidades norteamericanas e inglesas se han diferenciado en muchos aspectos de las de tipo español o latinoamericano, ya que provienen de distintos modelos medievales de Europa. A primera vista se nota que las instituciones del norte, con su ambiente tranquilo, campestre, y arbolado—*the campus*°—, han buscado pensamiento y reflección en el aislamiento° y la paz. No es tal en el sur, donde la universidad se sitúa dentro del mismo trajín° y bullicio° urbanos de los centros de población (no se llama *campus*, sino "ciudad universitaria"), donde no se separan los problemas de tipo académico y de tipo cotidiano°, en especial los de aspecto político.

A continuación hablan dos estudiantes que narran su historia personal. La primera es Margarita, que habla de su ingreso a° la Universidad Nacional de Salta (Argentina), y de las severas restricciones que se han impuesto a los postulantes° de ingreso de ese país. Después Martín, estudiante colombiano, describe el sistema educativo de la Universidad Nacional de su patria, en lo que a él le ha tocado°.

Pero no todos llegan a la universidad. Por desgracia°, la gran mayoría de la población latinoamericana tiene que buscarse otro camino en la vida, y de eso se trata° en la segunda parte de este capítulo.

the campus *(Lat.: field, plain)*
aislamiento *isolation*
trajín *bustle*
bullicio *noise*
cotidiano *everyday*

ingreso a *admittance to*
postulantes *candidates, applicants*
en lo que... *inasmuch as it has concerned him*
Por desgracia *unfortunately*
de eso... *that is touched upon*

Con Margarita, de Salta, Argentina

—¿Podrías decirme algo sobre tu ingreso a la universidad, y los preparativos que hubo que hacer antes de entrar?

—Recientemente, la Universidad empezó a preparar un curso° para los aspirantes°, que versaba sobre° cultura general, relaciones con los países latinoamericanos, la lengua española, y no recuerdo, otros elementos. Preparó un curso, y después de eso, se tomó° un examen al cual se le dio un mínimo puntaje°; los que estaban, por supuesto, por encima del puntaje

curso *program, year of study*
aspirantes *candidates*
versaba sobre *dealt with*
se tomó *they gave* (test)
puntaje *score*

podían ingresar, y los que estaban con menos puntaje no podían hacerlo. Es un procedimiento nuevo, eso de cupos° de ingreso.

—¿Qué se entiende por° cupo, en este caso?

—Por cupo de ingreso se entiende cierto límite de asientos para cada facultad° en la universidad.

—¿Y quién en particular fija° eso?

—El Ministro de Educación, con reunión de los rectores°, que representan cada universidad.

—¿Qué porcentaje, aproximadamente, de los postulantes° logra ingresar a los estudios universitarios?

—En cifras totales, si yo no recuerdo mal, hay un ocho por ciento.

—Más o menos una décima parte.

—Más o menos.

—¿Qué es lo que le pasa al que no se acepta, al que fracasa en su intento de ingresar?

—Por empezar, sicológicamente se debe sentir muy mal, ¿eh? Yo no lo he experimentado°, por suerte°, pero pienso que aquellas personas que no pueden ingresar se deben sentir muy frustradas, personalmente, porque es algo como estar cortándole la posibilidad de la realización° de sus intereses personales, de su vocación°. Y sin embargo, hay ciertas alternativas que se pueden seguir, tales como otras instituciones de nivel postsecundario.

—¿En qué oficios° o campos de trabajo entran los que toman este camino?

—Depende de la rama que haya seguido°. Posiblemente entra a trabajar en oficinas. O podría ser un técnico. En fin°, o se dedica a trabajar, o bien intenta nuevamente para el año siguiente a presentarse a° los cursos de ingreso.

—Pero el grupo dirigente° en cada una de esas ramas, negocios y tal, tiene necesariamente una formación universitaria, ¿no es verdad?

—Yo creo que no de rigor°. Creo que todavía existe un buen porcentaje de gente que se está moviendo como clase dirigente, como Ud. dice, que no necesariamente ha pasado por la universidad. Tal vez por la secundaria.

—En tu opinión, ¿es justo o no el sistema de cupos y exámenes? Te lo pregunto porque este sistema está más o menos generalizado por toda Latinoamérica.

—Para mí no fue tan desalentador°, que digamos. El gobierno da explicaciones un poco de tipo lógicas, en relación con las posibilidades del mercado laboral, y las necesidades del país, para determinar qué cupo va a tener cada institución. Entonces parecería que desde ese punto de vista está bien. Pero yo no sé, le repito, cómo cada joven puede vivir° esta situación.

cupos *quotas*
se entiende por *is meant by*
facultad *division, school, college*
fija *fixes, sets*
rectores *(university) presidents*
postulantes *applicants, candidates*

experimentado *experienced*
por suerte *luckily*
realización *fulfillment*
vocación *calling, ambitions*

oficios *trades*

seguido *studied*
En fin *anyway*
presentarse a *apply for*

dirigente *managing*

de rigor *necessarily*

desalentador *discouraging*

vivir *live through, face*

1. ¿Qué hizo la universidad de Margarita para preparar a los que querían ser admitidos?
2. ¿Qué procedimiento es nuevo en la Argentina?

PARA RESPONDER

50 CAPÍTULO 4

3. ¿Qué es un cupo?
4. ¿Quiénes fijan los cupos en la Argentina?
5. ¿Aproximadamente qué porcentaje de los que se presentan son admitidos?
6. ¿A qué instituciones pueden asistir los que no van a la universidad?
7. ¿Qué tipos de materias se enseñan allí?
8. ¿Qué puede hacerse si uno quiere volver a presentarse?
9. Según Margarita, ¿es necesario tener un título universario para ser gerente?
10. ¿Cuál es la opinión de Margarita con respecto al sistema de cupos y exámenes de ingreso?

PRÁCTICA

Reescriba cada frase entre paréntesis, utilizando el equivalente que se encontró en la lectura.

por desgracia	postulantes	en fin
versaba sobre	cupos	oficio
nuevamente	ingresar	puntajes

1. (De todos modos) _____, o se dedica a trabajar, o bien intenta (otra vez) _____ a presentarse para el próximo curso.
2. Se preparó un curso que (trataba de) _____ cultura general.
3. ¿Qué porcentaje de los (aspirantes) _____ logra (entrar) _____?
4. (Desafortunadamente) _____, muchos tienen que buscarse un (trabajo técnico) _____.
5. Los oficiales establecen (cuotas) _____ de ingreso cada año, que se basan en los (resultados) _____ de exámenes.

PARA COMENTAR

1. ¿Cuál es la forma de preparar a estudiantes en los Estados Unidos para entrar en las universidades?
2. ¿Qué universidades que conoce Ud. exigen (*require*) un exámen de ingreso? ¿Cuáles no?
3. ¿Hay Ministerio de Educación en los Estados Unidos, o algo semejante? Explique.
4. En su opinión, ¿es grave el problema para el que no asiste a la universidad? ¿Por qué o por qué no?
5. ¿Qué instituciones educativas postsecundarias, además de las universidades, conoce Ud.? ¿Qué materias enseñan?

Con Martín, de Bogotá

(*Martín ha sido estudiante universitario en su país y en los Estados Unidos.*)

—Siendo universitario°, cuéntame por favor cuáles son los requisitos° y los procedimientos necesarios para entrar a la universidad, en tu experiencia.

—Yo estudié la secundaria en un colegio privado de predominantemente clase media alta, y alta, un colegio de sacerdotes augustinos, en donde nos dieron una preparación bastante fuerte para el ingreso a la universidad. En Colombia el ingreso a la universidad es por medio de examen de admisión°, en el que un gran porcentaje de los aspirantes a ingreso son rechazados°.

—¿Cuántos, aproximadamente?

—Por ejemplo, en la Universidad Nacional, donde yo me presenté para arquitectura, se presentan alrededor de cinco mil aplicantes° por semestre y son aceptados unos cien. Los exámenes de admisión para la Universidad son realizados° en dos días. Hay un examen de conocimientos generales, de comprensión y habilidad° de lenguaje y comprensión abstracta, y un examen especial de habilidades técnicas, podríamos llamarlas, ya para admisión a la Facultad de Arquitectura.

—Las facultades . . . Letras, Medicina, Arquitectura y demás . . . existen casi independientes dentro de la universidad, ¿no?

—Sí. El estudiante pide admisión a una facultad determinada° en vez de la universidad. Y siempre permanece dentro de esa facultad. No hay posibilidad de tomar materias por fuera de la facultad. La gran mayoría de las carreras° son cinco años de universidad, que son cinco años de estar tratando permanentemente con tu área.

—¿Cuántas materias sigues, normalmente?

—O sea, nosotros tenemos una carga académica de aproximadamente entre treinta y treinta y cinco horas a la semana de clases, y son como unas cinco o seis materias cada semestre.

—¿Cómo son las clases?

—La mayoría de las clases son dictadas° en forma de cátedra magistral°, exepto clases que son como laboratorios, que son de participación. Además dentro de las clases de cátedra magistral, hay que hacer también investigaciones°, informes°. Los exámenes no son de escogencia múltiple°, sino de preguntas y respuestas, largas, casi siempre escritas. Hay una prueba° a mitad de semestre y otra al fin del semestre.

—¿No hay exámenes orales?

—No, escritos casi siempre. Y hay que desarrollar los temas con relativa profundidad°. Aunque en algunas facultades todavía se tienen exámenes en los cuales se presenta un solo alumno en frente de todos los profesores del departamento, y los profesores interrogan.

—Todos los exámenes eran así antiguamente, ¿no?

---

universitario *university student*
requisitos *requirements*

admisión (**ingreso** *is preferred*)
rechazados *rejected*

aplicantes (*More U.S. influence:* **postulantes** *or* **solicitantes** *is preferred.*)
realizados *carried out*
habilidad *skill*

determinada *certain*

carreras *(college) programs, majors*

dictadas *taught*
cátedra magistral *lectures* (**conferencias**)
investigaciones *research papers*
informes *reports*
escogencia múltiple *multiple choice* (**selección múltiple**)
prueba *test*
con relativa profundidad *in considerable detail*

Una clase de Tecnología y Diseño en Bolivia.

—Es verdad. Pero ahora no tantos.
—¿No es común que el profesor, mejor dicho°, el catedrático°, ocupe dos o tres puestos° en distintas instituciones?
—Sí. Es muy raro que haya un profesor de lo que llamamos "tiempo completo° y dedicación exclusiva". Hay más profesores que dictan dos o tres horas diarias de clase en una universidad y dictan otras dos o tres horas en otra universidad, y además tienen un cargo completo° en alguna compañía o en su oficina particular.
—Muchos ejercen otra profesión, como de abogado, ¿no?
—Sí, como abogado, ingeniero, médico, etcétera. O sea, permanentemente están en contacto con la vida profesional y además, están en la rama académica.
—¿Entra mucho la política en la vida universitaria?
—Sí, especialmente en la Universidad Nacional, o sea, es diferente la política en las universidades privadas y en la Universidad Nacional o en otras universidades oficiales°. En las universidades oficiales precisamente

mejor dicho *that is to say*
catedrático *tenured university professor*
puestos *posts, positions*
tiempo completo *full time*
cargo completo *full workload*

B

oficiales *publicly supported*

por el mínimo costo de la educación . . . nosotros estamos pagando el equivalente de veinte dólares al año por derechos de matrícula°, y eso es el máximo . . . entonces hay gran cantidad de gente de todas las extracciones° y todas las capas económicas°. Entonces precisamente por eso hay mayores inquietudes° de tipo social y de tipo económico, y la universidad se envuelve en° actividades políticas que muchas veces, a los ojos del gobierno, son extremistas. O sea, en muchísimas oportunidades la universidad ha tenido enfrentamientos° violentos con la fuerza pública.

—Pero en casi toda Latinoamérica, por ley y por tradición, la fuerza pública, como tú dices, la policía y el ejército, no tienen jurisdicción dentro de la ciudad universitaria. ¿Cómo es, entonces, que hayan atacado a estudiantes con tanques, tropas, carros blindados°, y gases lacrimógenos°, en plena universidad°?

—En 1968 fue la primera oportunidad en que la policía entró en la ciudad universitaria, y esto fue a consecuencia de que un presidente que se llamaba a sí mismo "liberal" visitó a la ciudad universitaria, y fue recibido con tomates y huevos podridos°. Entonces el presidente, enfurecido, al día siguiente llenó la ciudad universitaria con tanques y carros blindados. De allí en adelante°, parece que le quedó la costumbre° al ejército de hacer ingresos en la universidad.

—Es decir que la vida del estudiante es a veces muy agitada.

—Bastante agitada en cuanto a la política, o sea, mucho más agitada físicamente porque en muchas oportunidades llega la policía militar a las cuatro de la mañana, y tiene que salir todo el mundo corriendo, huyendo° de la policía por no correr el riesgo° de ser encarcelados°.

—Por otra parte, estando más interesado a veces en la política, el estudiante se ocupa muy poco de actividades sociales o deportivas, ¿no es así?

—Sí, o sea, una de las cosas que en los Estados Unidos me llamó la atención fueron las fraternidades, porque nosotros no tenemos esa clase de organizaciones. El estudiante se interesa más por actividades de tipo cultural, como son° conciertos, conferencias, inclusive la lectura, o por actividades de tipo político. Jamás tenemos nosotros un fanatismo por básquetbol o fútbol universitario, porque la gente no está realmente en la universidad para hacer vida social o para hacer deporte, sino para educarse, y para educarse no solamente en su área, sino en cultura general, en conocimientos políticos que no pueden separarse jamás de la cultura nacional o internacional.*

derechos de matrícula *tuition (***inscripción***)*
extracciones *backgrounds*
capas económicas *social classes*
inquietudes *unrest, concerns*
se envuelve en *is involved in*
enfrentamientos *encounters*
blindados *armored*
gases lacrimógenos *tear gas*
en plena . . . *right in the university*

podridos *rotten*

De allí . . . *from then on*
le quedó . . . *the habit stayed*

huyendo *fleeing*
riesgo *risk*
encarcelados *jailed*

como son *such as*

B

PARA RESPONDER

1. ¿Cómo se preparó Martín para ser admitido a la universidad?
2. ¿Cómo sabemos que el examen de admisión es muy difícil?
3. ¿Por qué el estudiante no estudia materias generales durante su primer año, como el estudiante norteamericano?

---

*As a consequence, strikes and political disturbances may often interrupt or curtail the school year. The rector, deans, and indeed many professors may be political appointees or party leaders. Student movements and political activities carry nationwide importance as a result.

54 CAPÍTULO 4

4. ¿Cuál es la carga académica del estudiante, por regla general?
5. ¿Cómo es una clase de cátedra magistral?
6. ¿Qué deberes tiene el estudiante, además de estudiar?
7. ¿Qué hace el profesor que no es de tiempo completo?
8. ¿Cuánto le cuestan a Martín sus derechos de matrícula?
9. ¿Cómo es la actividad política universitaria, según Martín?
10. ¿Cómo justifica Martín la politización de la vida universitaria?

PRÁCTICA

En las últimas páginas hemos encontrado varias frases y palabras engañadoras, que se llaman cognados falsos. Haga corresponder cada elemento en la columna de la izquierda con otro elemento de la columna derecha.

_____ realizar   A. misfortune
_____ facultad   B. course
_____ desgracia   C. experience
_____ en fin   D. carry out, achieve
_____ ejercer   E. school, division
_____ catedrático   F. practice (a profession)
_____ materia   G. anyway
_____ intento   H. reading
_____ experimentar   I. attempt
_____ lectura   J. tenured professor

PARA COMENTAR

1. En los Estados Unidos se entra en una universidad determinada, y luego se elige "major". Margarita y Martín hablan de entrar en una facultad específica. ¿Qué diferencias resultarían para el estudiante?
2. ¿Cómo se compara la carga académica semanal (*weekly*) del universitario latinoamericano con la de Ud.?
3. ¿Qué semejanzas se notan entre los exámenes que describe Martín y los que Ud. acostumbra dar? ¿Diferencias?
4. ¿Hasta qué punto entra la política en la vida universitaria norteamericana ahora? ¿Recuerda Ud. algún momento histórico cuando estaba más politizada?
5. ¿Le parece bueno que un profesor universitario sea también negociante, o abogado, o médico? ¿En qué aspectos sería diferente la enseñanza?
6. ¿Es justa o exagerada la opinión que tiene Martín de la vida universitaria norteamericana? Explique.

VOCABULARIO ÚTIL

a primera vista — at first sight
ciudad universitaria — university area, "campus"
ingresar en, a — to enter
postulante, aspirante, aplicante (el último es anglicismo) — candidate, applicant
versar sobre — to deal with, be about

puntaje (m.)	score
intentar, intento	to try, attempt
por desgracia	unfortunately
experimentar	to experience
en fin	anyway, in short
presentarse a	to apply for
interesarse por, en	to be interested in
por suerte	luckily
universitario, -a	university student
requisito	requirement
procedimiento	procedure
realizar	to carry out, achieve
facultad	division, college, school (univ.)
seguir, tomar una materia	to take a course
dictar	to dictate, teach (a course)
cátedra magistral	lecture class
prueba	test
mejor dicho	rather, that is to say
catedrático	tenured or ranked professor
tiempo, horario completo	full time
ejercer	to practice (a profession)
derechos de matrícula	tuition
cultura general	general knowledge, educational background

PARTE SEGUNDA

Se calcula que algo menos del dos por ciento de la población latinoamericana llega a realizar estudios universitarios. En efecto°, la cifra° de analfabetos° en algunos de dichos países comprende° la mitad de los habitantes, por lo cual el mercado laboral consiste en una superabundancia de trabajadores y empleados menores: campesinos, obreros industriales, porteros°, criadas, conserjes°, vendedores callejeros, basureros, mensajeros y mandaderos°, choferes, soldados rasos°, y otros más—a veces muchos—que viven hasta en perpetuo desempleo.

Otro segmento más acomodado de las "masas" son los funcionarios públicos° y oficinistas°, técnicos° y negociantes que comprenden, a veces tenuemente, una clase media que aspira a la vida más segura y cómoda de la llamada "gente decente"°. Aquí José nos explica por qué él no fue a la universidad, y la vida que se ha hecho de electricista. Blanca, muchacha cubana, relata algo de lo que hacían sus padres para ganarse la vida° antes de abandonar° ese país. Asimismo° hablan Irene y su madre Benigna, que relatan sus experiencias en un pequeño pueblo tropical cerca de la selva

En efecto *in fact*
cifra *number*
analfabetos *illiterates*
comprende *comprises*
porteros *caretakers*
conserjes *janitors*
mandaderos *errand runners*
soldados rasos *army privates*
funcionarios públicos *government workers*
oficinistas *office workers*
técnicos *tradespersons*
"gente decente" *"upper crust"*
ganarse la vida *make a living*
abandonar *leave*
Asimismo *likewise*

venezolana, siendo el jefe de su familia, padre y marido, propietario de una tienda de víveres°, y después chofer de taxi interurbano, o "colectivo".

tienda de víveres *general store*

Con José, peruano

—¿Por qué no estudiaste en la universidad?

—Yo no ingresé a la universidad porque no pude aprobar el examen de admisión, los varios años que di el examen.

—¿No podrías haber entrado a otra universidad? ¿Una particular, por ejemplo? O, ¿no podrías buscar otro modo de ser admitido?

—De haber sido° yo de una familia más afortunada económicamente, habría tratado de ingresar a una universidad particular, a la cual es posible hacerle donativos°. Si son suficientes, uno es admitido. O por ejemplo es posible . . . es posible sobornar° a alguien, pero para esto se necesita dinero.

De haber sido *had I been*
donativos *donations*
sobornar *bribe*

—A la persona que no va a la universidad, ¿qué caminos le quedan?

—Bueno, la persona que no ingresa a la universidad tiene que ponerse a trabajar de todas maneras°, para contribuir al sostenimiento de la casa. Se ve obligado° a trabajar porque la familia no lo considera productivo y porque la familia necesita el dinero . . . y porque él también necesita el dinero para las obligaciones sociales que tenga, salir con alguna chica, salir con los muchachos, y eso no puede hacerse si no tiene más que un terno° (ríe). Pero un muchacho de clase media no puede, sin avergonzar a la familia, no puede conseguir un trabajo de obrero. Entonces tiene que buscarse trabajo de un empleado° de cualquier forma, digamos un banco, . . .

de todas maneras *in any case*
Se ve obligado *he is obligated*
terno *suit of clothes*
empleado *(white-collar) worker*

—O de oficinista . . .

—Exacto. Quizás en la administración pública, trabajar en un ministerio, quizás.

—Pero un muchacho pobre se dedica a la obra de mano°, por ejemplo.

—Un muchacho de las masas puede trabajar en una fábrica o un taller°, o puede tratar de establecer un comercio pequeño, quizás una tienda, puede ser chofer de ómnibus. Y lo interesante es que algunas actitudes no han cambiado. No están basadas solamente en lo económico de la persona, sino en lo que la persona hace para obtener dicho dinero. Siempre hay nombres que se usan para los de clase baja que ganan mucho. "Ah. ése es un vulgar°". Es una forma de ponerles en su sitio.

obra de mano *manual labor*
taller *garage, shop*
un vulgar *a nobody*

—¿Qué pasó en tu caso?

—Yo por mi cuenta°, cuando estaba en la secundaria, me había puesto a aprender electrónica. Las personas que se dedican a la reparación de aparatos electrónicos en el Perú son considerados obreros°. Mi familia se opuso vehementemente a que yo tuviera nada que ver° con la electrónica, arreglando televisores, lo cual es una profesión obrera, y lo cual a mi familia nunca le pareció bien, aunque fuera al doble de sueldo de un empleado de algún ministerio. El hecho de que un empleado de ministerio es un empleado y el señor que repara televisores es un obrero, o como

por mi cuenta *on my own account*
obreros *(blue-collar) workers*
nada que ver *anything to do*

El escribano o amanuense redacta cartas para el público.

decía "un vulgar técnico°", es mucho más importante que su sueldo, socialmente. A mi familia todavía no le gusta mucho que yo esté trabajando de supervisor de electricistas. Aún siempre me preguntan, "¿Y?° ¿Todavía estás trabajando en lo mismo? (*Ríe.*)

un vulgar técnico   *a common tradesman*

¿Y?   *Well?*

Con Blanca

(*Cubana radicada ya en los Estados Unidos con sus padres.*)
   —¿Dónde vivió Ud. en Cuba?
   —Bueno, yo nací en Matanzas pero viví la mayor parte de mi vida en La Habana, en la capital.
   —¿Qué trabajo hacía su padre?
   —Mi papá tenía un restaurante. En Cuba se llamaba un bar, como una cantina que tenía de todo un poco°. El hacía fritas, que son como los hamburgers aquí pero son un poquito diferentes. Y tenía dulces y cosas diferentes. Entonces al lado vivíamos mi mamá y yo. Antes de nacer yo ella

(in Capítulo 7 tape)

de todo un poco   *a little of everything*

trabajaba, era criada. Porque cuando ellos se casaron ellos vivían en el campo, pero cinco años después se mudaron° para La Habana. Entonces mi papá puso° un quiosco°. . . .

—¿Qué era eso?

—Era, pues, una tiendecita en la calle, en una esquina, donde vendía esas cosas. Bueno, puso el quiosco que era chiquitico°, y después puso el bar. El y mi tío trabajaban en los dos. Luego, como en Cuba no se puede comprar ropa ya hecha, hay que mandársela hacer a una costurera°, y mi mamá cosió por varios años. Y yo sé que mi mamá iba al campo, traía guayabas°, y hacía dulce de guayaba, eso era prohibido, y entonces la señora del Comité° siempre tenía la nariz metida en todo, y venía y tocaba a la puerta porque ella, parecía que olía el olor de dulce de guayaba, ¿no? cuando estaba cociendo. Y en el Comité tenían una reunión todas las semanas, y había diferentes gentes que eran . . . los "chivatos°" que les llamaban, eran espías, soplones°. Hacían denuncias, cualquier cosita que uno hiciera con la que la Revolución no estaba de acuerdo. La primera vez decían que "no lo hagas más", y la segunda vez te llevaban preso°, a la cárcel, por cierto tiempo. Y la amenazaron°.

—Entonces, ¿su mamá no lo hizo más?

—Bueno, no. Pero en otra ocasión mandaron a mi papá a un campo de concentración, por tres años. . . .

(*continued in* Capítulo 7)

se mudaron *moved (residence)*
puso *set up*
quiosco *kiosko*
chiquitico *tiny (dim. of chico)*
mandársela . . . *have it made for you by a seamstress*
guayabas *guavas, a sweet tropical fruit*
Comité *"Comité Revolucionario," which in present-day Cuba monitors citizens in each neighborhood*
chivatos *informers*
soplones *stool pigeons*
preso *prisoner*
la amenazaron *threatened her*

1. ¿Por qué no entró José en la universidad?
2. Según José, ¿por qué tiene que trabajar el que no entra en la universidad?
3. En la ciudad, ¿qué trabajo puede buscarse de empleado, según José? ¿De obrero?
4. En la opinión de José, ¿de qué depende la clase social de uno, la cantidad de dinero que uno gana, u otro factor?
5. ¿Por qué a la familia de José no le gustó que éste fuera un técnico de electrónica?
6. ¿Qué trabajo hacía el padre de Blanca en Cuba?
7. ¿Qué trabajos hacía su mamá?
8. En su opinión, ¿por qué no se permitía que se hiciera dulce de guayaba en casa para venderlo?
9. Explique qué es un quiosco.
10. ¿Cuál es la diferencia entre *bar* en español, y en inglés?

PARA RESPONDER

Llénese cada espacio en blanco de acuerdo con la definición o explicación dada.

PRÁCTICA

obrero	mandadero	chofer
portero	basurero	comerciante
oficinista	campesino	técnico
empleado		

1. El que se dedica a recoger la basura es _____.
2. El que vigila la puerta de un edificio es _____.
3. El que se ocupa del comercio es _____.
4. El que maneja un vehículo es _____.
5. Quien trabaja en una oficina es _____.
6. El que hace diligencias o mandados (*errands*) es mensajero, o _____.
7. El que trabaja en el campo es agricultor, o bien _____.
8. El que trabaja en una fábrica o taller es _____.
9. El que trabaja en un oficio es _____.
10. El que trabaja en un ministerio o en un negocio, en general se llama _____.

PARA COMENTAR

1. ¿Qué porcentaje, aproximadamente, de los jóvenes de su comunidad asiste a la universidad?
2. Los que no asisten a la universidad, ¿a qué se dedican?
3. ¿Cuáles son algunos factores que posiblemente no permiten que uno asista a la universidad?
4. En su comunidad, ¿sería mal visto que Ud. fuera obrero? ¿En su familia? Explique por qué o por qué no.
5. ¿Hay trabajos de empleado o profesiones que traen menos sueldo que trabajos de obrero? ¿Cuáles son?
6. ¿Qué características personales percibe Ud. en José y en los padres de Blanca? Explique.

Con Irene y Benigna, su mamá

(*Las dos son casadas y viven en un pequeño pueblo venezolano a orillas del° Río Orinoco.*)　　　　　　　　　　　　　　　　　　　　　　　　**a orillas del**　*on the banks of the*

—(*Con Irene*) ¿Qué trabajo hace su papá?

—Durante muchos años mi papá era comerciante. Después se dedicó a manejar carro, es ahora chofer de taxi. Antes era comerciante de todo, compraba y vendía todo lo que él consideraba un negocio: zapatos, ropa, y abastos, o sea, víveres°.　　　　　　　　　　　　　　　　　　　　　　　**víveres**　*general supplies*

—¿Tenía una tienda?

—(*Responde la Señora Benigna.*) Sí, era una casa, estaba en una esquina. Mi esposo se ocupaba de comprar afuera al por mayor° todo lo que era negocio, cuando la cosecha°, comprar y traer. Tenía una camioneta. Y yo me ocupaba de vender, por kilos, al por menor°, a la gente. Entonces él traía y yo vendía. Pero los hijos, nuestros hijos, no se ocupaban de eso.

al por mayor　*at wholesale*
cuando la cosecha　*at harvest time*
al por menor　*at retail*

—¿Por qué no?

—Porque no acostumbrábamos a que la familia que íbamos levantando° se ocupara de estas cosas. Queríamos que estudiaran. Entonces iban a clases dos veces: en la mañana, de siete a once de la mañana, y de dos a cinco de la tarde. Se cerraba el negocio a esa hora, de almuerzo, entonces

que íbamos...　*that we were bringing up*

yo me ocupaba de la comida, de lavar la ropa, de limpiar a los niños cuando eran pequeños.

—Es decir que Ud. tenía dos trabajos, ¿no?

—Sí, dos trabajos. Pero siempre dentro de la casa, nunca fuera. A menos que la mujer no tenga° una profesión, de enfermera, de la oficina, de cosas de ésas, la esposa está siempre dentro de la casa, atendiendo a los niños. Pero cuando los niños iban a las clases, yo trabajaba, vendiendo en la tienda.

—¿Qué cosechas se vendían? ¿Qué productos?

—Hay tiempos para las cosechas. Por ejemplo, en el verano el Río Orinoco crece y abarca° todos los bajos°, la tierra más baja, entonces allí no hay cosecha, pero cuando llega el mes de agosto las aguas empiezan a bajar, entonces la tierra queda° muy bien para sembrar. Entonces el agricultor aprovecha°, y se siembra el maíz, la yuca°, sembramos también carabotas°; frijoles, auyama°, papa, ñame, mapuey°, plátano, y algo que se parece al plátano que se llama topocho. Y sembramos tapilla y melones. . . .

—¿Sandías°?

—Es tapilla. También sembramos el pepino°, el tomate, el ají dulce°,

A menos . . . *unless the woman has* (The **no** is not translated.)

crece y abarca *rises and covers*
bajos *lowlands*
queda *está*
aprovecha *takes advantage*
yuca *yucca or breadfruit*
carabotas (a type of bean)
auyama (a type of squash)
ñame, mapuey (varieties of yams)
Sandías *watermelons*
pepino *cucumber*
ají dulce *sweet pepper*

pimentones°, todo lo que queramos, se produce allí. Lo que no se produce allí es el trigo. Se importa.

—Siendo una zona tropical, ¿qué pescados se venden allí?

—Allí el pescado que abunda más y que se vende más es el poporo, sapuara°, el bagre amarillo°. Todos se sacan del río.

—¿Qué otras cosas se venden?

—Bueno, los indios tienen su época para llegar allí. Cuando crece el río, ellos vienen saliendo°, se vienen llegando° en sus canoas. Ellos no se ocupan de la agricultura, se dedican a la pesca, la caza, y traen pájaros de todo tipo, y animales que uno no ha visto, y hacen muchas cosas a mano, y todo eso lo venden, y compran víveres y ropas. Pero cuando nos mudamos, vendimos el negocio.

—Y ahora su esposo se dedica a manejar un taxi, ¿no? ¿Podría describir en qué consiste su trabajo de chofer?

—(*Responde Irene.*) Ah, ellos tienen una ruta determinada°, de una ciudad a otra.

—Entonces es lo que se llama un colectivo°.

—Sí, colectivo. Entonces tienen un terminal, una parada°. Esto está organizado, cada ruta tiene su estacionamiento°, por ejemplo en el centro del pueblo, en una calle, y allí tienen teléfono, y una persona que lo organiza, un jefe. Allí los choferes esperan su turno, y cuando es su turno, suben los pasajeros y todos esperan hasta llenar el carro.

—¿Y cuando se llena?

—Cuando se llena se van, y viene otro a tomar su turno, esperando. Y en la otra ciudad tienen otro terminal.

—Y hacen lo mismo para regresar, ¿no?

—Lo mismo. El mismo procedimiento°. Mi papá va de Puerto la Cruz a Maturín, de Maturín a Puerto la Cruz, a él le toca° esa ruta.

—¿Con qué frecuencia hace el recorrido°?

—Todos los días. Depende de la cantidad de pasajeros que hay. Si hay pocos, hay días que no va.

pimentones *paprika*

poporo, sapuara *(types of tropical freshwater fish)*
bagre amarillo *yellow catfish*
vienen saliendo *start coming out*
se vienen... *begin to arrive*

determinada *certain*

colectivo *jitney or shuttle*
parada *stop*
estacionamiento *parking place, area, lot*

procedimiento *procedure*
a él... *he has*
recorrido *journey, run*

1. ¿Qué trabajo tenía por muchos años el padre de Irene?
2. ¿Qué cosas compraba y vendía?
3. ¿Quién es la Sra. Benigna?
4. ¿Qué hacía la Sra. Benigna en la tienda? ¿En la casa?
5. ¿Qué dice ella acerca de la mujer que trabaja?
6. Según la conversación sostenida con Irene y su madre, ¿qué concepto tiene Ud. del pueblo donde viven?
7. ¿Por qué no se puede sembrar nada durante cierta época del año?
8. ¿Qué venden los indios? ¿Qué compran?
9. ¿Qué es un colectivo?
10. ¿Le parece a Ud. que las familias de José, Blanca, Irene y la señora

PARA RESPONDER

Benigna son muy trabajadoras (*hardworking*) o no? ¿Por qué piensa Ud. así? Dé ejemplos.

PRÁCTICA

Llénese el espacio en blanco con la palabra o modismo más apropiado.

ganarse	analfabeto	cocer
tocar	por su cuenta	estacionamiento
aprobar	estar de acuerdo	cazar
mudarse		

1. Dar un examen con puntaje aceptable es _____ ese examen.
2. El que no sabe ni leer ni escribir es _____.
3. Hacer algo sin que nadie le ayude es hacerlo _____.
4. Cocinar, *to cook*, es preparar comidas, y _____, *to cook*, es lo que hace la comida en preparación, ¡y hay bastante diferencia!
5. Cambiar el lugar de residencia es _____.
6. Trabajar, recibir un sueldo o salario y mantenerse es _____ la vida.
7. Dos personas discuten y se ponen de acuerdo para _____.
8. Un premio, un privilegio o una responsabilidad puede _____ a una persona.
9. Ir en busca de peces se llama pescar, e ir en busca de animales es _____.

Trate Ud. de usar la palabra o frase sobrante (left over) *en una frase, usando los siguientes elementos:*

cuando / yo voy / al centro comercial / está lleno

PARA COMENTAR

1. ¿Qué pequeños negocios conoce Ud. que sean dirigidos por una pareja casada, como la señora Benigna y su esposo? ¿Qué diferencias hay?
2. Entre las plantas, los animales y pescados que vendía la señora Benigna, ¿cuáles se siembran en la zona de Ud.?
3. En su zona, ¿cuál es la época de siembra? ¿De cosecha?
4. ¿Por qué algunos de los productos de la señora Benigna no tienen nombre en inglés?
5. ¿Le parece que sería buena idea establecer un sistema de colectivos en su área? ¿Por qué? ¿Por qué no?

VOCABULARIO UTIL

cifra, cantidad	*number, quantity*
analfabeto	*illiterate*
en efecto	*in fact*
ganarse la vida	*to make a living*
llamado, -a	*so-called*

sobornar	to bribe
de cualquier forma	of any sort
dicho	said, aforementioned
por su cuenta	on one's own
algo (nada) que ver con	something (nothing) to do with
la mayor parte	most
de todo un poco	a little of everything
mudarse	to move (residence)
poner	to set up, establish
coser	to sew
costurera	seamstress
cocer (ue)	to cook, brew, boil
estar de acuerdo	to be agreed
parecerse a	to look like
acostumbrarse a	to get used to
hacer a mano	to make by hand
tocarle a uno	to be one's turn, lot, luck
al por mayor (menor)	at wholesale (retail)
ocuparse de	to be concerned with, engaged in

PARA DISCUTIR

OPCIÓN A. *Complete Ud. las siguientes frases, dando sus propias opiniones.*
EJEMPLO: Si yo me mudara a otra ciudad, <u>trataría de entrar en otra universidad, porque quiero sacar un título y vender autos al por mayor.</u>

1. Si yo tuviera que buscar empleo de obrero, _____

2. Si yo pusiera un negocio, _____

3. Si yo me dedicara a la obra de mano, _____

4. Si yo fuera analfabeto, _____

5. Si yo suspendiera el examen de entrada a la universidad, _____

6. Si me ganara la vida por mi cuenta, _____

7. Si yo tuviera que contribuir al sostenimiento de mi familia, _____

CAPÍTULO 4

8. Si yo fuera terrateniente y rico(-a), _____
_____
_____

OPCIÓN B. *Escoja Ud. entre estas alternativas y diga por qué ha escogido cada una.*

1. Ser estudiante de universidad particular.
   Ser estudiante de universidad oficial o pública.

2. Tener una tienda de víveres en mi propia ciudad.
   Tener una tienda de víveres a orillas de un río tropical.

3. Ser campesino(-a) y sembrar café.
   Ser obrero(-a) y trabajar en una fábrica.

CAPÍTULO 5
Fiestas y días conmemorativos

PARTE PRIMERA

Santiago comenta, al principio de este capítulo, que su país "es muy alegre", y en efecto lo es°, si uno olvida tal vez por el momento que al lado de tal alegría hay largas horas de trabajo dedicadas a ganarse la vida, para después darse el lujo° de unas horas de elegría. Asimismo, el turista se lleva° posiblemente gratos recuerdos de interminables fiestas y festivales de pintoresca alegría y "color local", y el mismo turista olvidará tal vez que el público° de la calle aplaudió con manos endurecidas° por trabajo, o vio aquellos espectáculos con ojos cansados. Las fiestas se hacen para descansar, para reflexionar°, o simplemente para pasar unas lindas horas con familia o amigos, y son horas bien merecidas.

En esta primera parte hablaremos de lo que constituye aproximadamente la primera mitad del año y de algunas de sus fiestas, relatadas por Santiago, venezolano; Manuel, ecuatoriano; Andrés, del mismo país pero de muy distinta clase social y por Antonia, colombiana. En la segunda parte se hablará de los otros seis meses del año.

Ya que estos relatos no podrían llevarse a cabo en un espacio tan limitado, se ofrece aquí una lista de los festivales y días conmemorativos más conocidos de Latinoamérica:

ENERO:	1	Año Nuevo
	1	Día de Liberación (Cuba)
	6	Epifanía o Día de los Reyes Magos
FEBRERO:	27	Día de Independencia (Rep. Dominicana)
MARZO:		En días variados según el calendário, *Carnaval* son
ABRIL:		los tres días antes del *Miércoles de Ceniza*, que cae 40 días (y seis domingos) antes del *Domingo de Resurrección,* que es siempre un domingo entre el 21 de marzo y el 26 de abril. Después del Miercoles de Ceniza está la época de *Cuaresma,* que termina en *Semana Santa* que comienza el *Domingo de los Ramos* y termina el Domingo de

lo es *it is*

darse el lujo *take the luxury, afford*
se lleva *takes away*

público *audience*
endurecidas *hardened*
reflexionar *reflect*

Resurrección o *Pascua Florida*. Conviene consultar un calendario cada año.

MAYO	1	Día del Obrero (varios países)
	5	Cinco de Mayo (México)
	20	Día de Independencia (Cuba)
	24	Batalla de Pichincha (Ecuador)
	25	Fiesta Patria (Argentina)
JUNIO:	24	Día de San Juan. Baños rituales, esp. en Puerto Rico. Día del Ejército (Venezuela).
	25	Día de San Pedro (Chile)
JULIO:	5	Día de Independencia (Venezuela)
	9	Día de Independencia (Argentina)
	20	Día de Independencia (Colombia)
	24	Cumpleaños de Simón Bolívar (Bolivia, Colombia, Venezuela)
	26	Fiesta Nacional Revolucionaria (Cuba)
	28	Fiesta Patria (Perú)
AGOSTO:	6	Día de Independencia (Bolivia)
	10	Día de Independencia (Ecuador)
	15	Día la Inmaculada Concepción o Día de las Madres
	25	Día de Independencia (Uruguay)
	30	Fiesta de Santa Rosa de Lima (Perú)
SEPTIEMBRE:	7	Día de Independencia (Brasil)
	15	Día de Independencia (Costa Rica, El Salvador, Guatemala, Honduras, Nicaragua)
	16	Día de Independencia (México)
	18	Día de Independencia (Chile)
OCTUBRE:	12	Día de la Raza (Descubrimiento de América por Colón)
NOVIEMBRE:	1	Día de Todos los Santos
	2	Día de los Difuntos
	3	Día de Independencia (Panamá)
DICIEMBRE:	7	Día de Luto Nacional (Cuba)
	12	Fiesta de la Virgen de Guadalupe (principalmente en México)
	16–24	Posadas de Navidad (México)
	24	Nochebuena
	25	Navidad
	28	Día de los Santos Inocentes (dia de bromas y chistes)
	31	Nochevieja

FIESTAS Y DÍS COMMEMORATIVOS   67

Con Santiago, de Venezuela

—¿Cuáles son las celebraciones más importantes de su* país?

—En nuestro país tenemos anualmente días en los cuales la gente no trabaja, por ejemplo está el diecinueve de marzo, Día de San José, santo patrón de Venezuela. Y cada región tiene un patrón o una patrona, y su día festivo. Bueno, Venezuela es una fiesta durante todo el año. Porque cada región tiene que celebrar, y cuando no hay fiesta, bueno, inventamos. Claro, hay que dedicarle tiempo al trabajo, pero Venezuela es muy alegre (*ríe*).

—¿Se usan fiestas para alargar° los fines de semana?

—Bueno, es usual en Venezuela, eso. Por ejemplo si el día de fiesta cae día jueves°, los bancos trabajan ese día jueves y el día viernes, normalmente, pero el día lunes de la semana siguiente no trabajan. Entonces aprovechan a hacer lo que llamamos un "puente largo". Se da° el caso también, que cuando el 25 de diciembre por ejemplo cae el día viernes, se trabaja el día jueves hasta las doce del día solamente. Ya es un "puente extralargo".

—¿Cuándo es la Fiesta Patria o Fiesta Nacional de Venezuela?

—El veinticuatro de junio, que es el Día del Ejército, fiesta nacional. Se celebra el día de una de las batallas más importantes que tuvimos en el proceso de la liberación española, la Batalla de Carabobo°, en que Simón Bolívar derrotó a los españoles y ganó la independencia de nuestra patria.

—¿Es un día de discursos° y desfiles° militares?

—Sí, hay desfiles, pero es otro día más para disfrutarlo, para no trabajar.

—Bueno, vamos a pasar por todo el año, nombrando las fiestas y celebraciones, ¿quiere?

—Muy bien. El primer día de fiesta del año es el primero de enero, Año Nuevo. Después tenemos en el mes de febrero dos días de Carnaval. . . .

—Perdón, ¿no celebran Uds. el Día de los Reyes Magos, el seis de enero?

—No, no lo celebramos. Lo celebran en la iglesia, es la Epifanía. Pero es un día normal de trabajo, como cualquier otro. . . . Entonces en febrero celebramos dos días de Carnaval. . . .

—O tres días o hasta una semana, ¿no?

—En mi país dos días, los dos días antes de Miércoles de Ceniza, cuando comienza la época de Cuaresma. Carnaval son para nosotros dos días de fiestas, la gente se disfraza y toma y baila. . . .

alargar   *lengthen*

día jueves   (Redundancy common in conversation.)
Se da   *occurs*

Batalla de Carabobo (24 de junio de 1821)

discursos   *speeches*
desfiles   *parades*

1. ¿Quién es el santo patrón de Venezuela?
2. ¿Qué día se celebra en honor de ese patrón?
3. ¿Qué es un puente largo o extralargo?

PARA RESPONDER

---

*This discussion with Santiago took place prior to that of Chapter Three: hence the formal address.
†The transcription of the interview with Santiago in this chapter appears in three sections; the actual recording on the B tape is continuous.

68 CAPÍTULO 5

4. ¿Qué acontecimiento histórico se celebra el 24 de junio en Venezuela?
5. ¿Cuándo es Carnaval?
6. ¿Por cuántos días se celebra Carnaval en Venezuela?
7. ¿Qué hace la gente durante Carnaval, normalmente?
8. ¿Quién es el santo patrón de Puerto Rico? Se encontrará en el calendario de festivales, o en un mapa.

PRÁCTICA

Busque Ud. la pareja (match):

1. _____ el 6 de enero
2. _____ comienza con Domingo de Ramos
3. _____ último día de Semana Santa
4. _____ fiestas antes de Cuaresma
5. _____ comienzo de Cuaresma
6. _____ santo que protege
7. _____ fiesta nacional
8. _____ fin de semana extendido

A. Semana Santa
B. Carnaval
C. Miércoles de Ceniza
D. patrón o patrona
E. El Día de los Reyes
F. Domingo de Resurrección
G. puente largo
H. fiesta patria

PARA COMENTAR

1. ¿Cuál es la fiesta patria más importante de su comunidad? ¿Cómo se celebra?
2. ¿Qué acontecimiento histórico se recuerda ese día?
3. ¿Qué método se usa aquí para hacer puente, o sea, para alargar el fin de semana?
4. ¿Cómo se llama tal fin de semana en inglés?
5. ¿Qué lugares del mundo son famosos por sus festividades de Carnaval? ¿Cómo se llaman en esos lugares?

Con Manuel, de Quito, Ecuador

—En Carnaval siempre hacíamos cosas con agua, con bolsas° de agua como bombas. Se les infla de° agua, o de acuerdo a la bomba, otro líquido (*ríe*), y el propósito era mojar° a las mujeres, especialmente la parte de atrás, donde se podía notar. Y las inyectábamos de° tinta, en el agua para dañarles la ropa. En otro grupo social la gente por ejemplo usa talco y perfume o algo así, pero es un poco más burgués°, ¿no? Eso es legal, pero no las bombas de agua porque a veces daña la cara o los ojos, porque cuando uno tira, llega con tanta fuerza que da° como una piedra, así (*se golpea la palma de la mano*), ¡pum°!

bolsas *bags*
Se les . . . *they fill them up with*
mojar *get wet*
las inyectábamos de *colored them with*
burgués *middle-class*

da *hits*
pum *bang*

Con Andrés, de Guayaquil, Ecuador

—Las fiestas de Carnaval son tres días de festividades. En ese tiempo tenemos vacaciones, así que vamos a la playa, o si no, jugamos en Car-

FIESTAS Y DÍS COMMEMORATIVOS

naval. Todo el mundo va a las calles, pasan° un buen rato. Alguna gente se disfraza, otra gente no. Depende.

—¿Qué haces con tus jóvenes amigos?

—Bueno, con mis amigos, mis amistades, lo que acostumbramos hacer es hacer fiestas, si uno no juega con otras personas en la calle tirando agua y cosas así, se queda con sus amigos porque lo que menos se trata° es de fastidiar a otras personas, eso nos lo inculcan desde que uno es chiquito.

—Entonces, después de Carnaval está Miércoles de Ceniza, un día de. . . .

—de devoción, de recogimiento°, a veces ayuno°. En mi familia todos van a misa. Y Cuaresma, cuarenta días durante los que no hay fiestas, nada. Solamente hay fiestas religiosas.

pasan° *pasa*

lo que . . . *our least intention*

recogimiento *seclusion*
ayuno *fasting*

Una solemne procesión de Semana Santa en Guatemala.

Con Antonia, de Colombia

—En su país, ¿qué pasa en Semana Santa?

—La Semana Santa comienza el Domingo de Ramos, donde° todo el mundo anda con sus ramitas.

—¿De palmera°?

—De la palmera, exactamente, en la forma de figuras y cruces. Y se va a misa. Por ejemplo en las escuelas hay una semana de vacaciones después del Domingo de Ramos. Los empleados trabajan esa semana hasta el miércoles al mediodía, luego salen del trabajo. Se tiene que preparar la comida del Jueves Santo, porque hay la creencia de que es pecado° cocinar, hacer cualquier trabajo el Jueves o Viernes Santo. Otra cosa que no se hace el Jueves y Viernes Santo es comer carne. Dicen que es pecado. Se come pescado, por supuesto. Luego, el Jueves y el Viernes Santo se reúne toda la familia y se van a visitar las iglesias, ¿no? Las adornan muy bellas, llenas de flores. Hay como procesión, con matracas°, y se ven las calles llenas de gente, con música. ¡Ah, la música! Los pasos son muy hermosos.

—¿Qué son "pasos"?

—Son las procesiones de Semana Santa. Sacan imágenes, estatuas, de las iglesias, que representan la Pasión de Cristo, su muerte, y llevan las imágenes sobre plataformas con flores y música. En Colombia hay un pueblo, Popayán,* que celebra todos los pasos de Jesucristo, dramatizan, ¿no? Es realmente bello e interesante.

donde (fam.) *when*

palmera *palm tree*

es pecado *it is a sin*

matracas *noisemakers or wooden clappers* (used during Holy Week instead of bells)

---

*Since this interview, an earthquake occurred in Popayán during Holy Week of 1983, causing great damage and numerous casualties.

FIESTAS Y DÍS COMMEMORATIVOS 71

Con Santiago, nuevamente

—. . . o sea, cuarenta días después de Carnaval vienen las vacaciones de Semana Santa, la Semana Mayor. Se celebra con actos religiosos pero la gente lo coge para pasar vacaciones°, por ejemplo el Jueves y Viernes Santo en Venezuela no trabajamos. Entonces ya es otro puente largo, jueves, viernes, sábado, y domingo.
—¿Incluso el° Domingo de Resurrección?
—Sí, se va a la playa, al río. O sea, se cumple con° la iglesia, pero. . . .
—Pero además, se aprovecha.
—Si, se aprovecha.

pasar vacaciones *take a vacation*

Incluso el *even on*
se cumple . . . *observe the duties of*

PARA RESPONDER

1. ¿Qué hacía Manuel en Carnaval? (¿Recuerda Ud. algo de los amigos de Manuel?)
2. Y Andrés, ¿qué hace? ¿Cómo son diferentes los amigos de Manuel y Andrés?
3. ¿Cuándo es Miércoles de Ceniza? ¿Qué pasa?
4. ¿Qué época comienza el Miércoles de Ceniza?
5. ¿Qué hace mucha gente durante Cuaresma? ¿Qué no hace?
6. ¿En cuántos días consiste Cuaresma?
7. ¿Qué día es el comienzo de Semana Santa?
8. ¿Qué hace mucha gente ese día?
9. Según Antonia, ¿por qué no se trabaja durante Jueves Santo y Viernes Santo?
10. ¿Qué son los pasos? ¿Qué representan?
11. Según Santiago, ¿qué se hace con mucha frecuencia durante Semana Santa?

Llénense los espacios en blanco con los elementos más apropiados de la lista.

PRÁCTICA

desfile   se da   aprovecha
pintoresco   disfrutar   hace

1. A veces durante fiestas solemnes la gente utiliza la ocasión, es decir _____, para pasar vacaciones.
2. Un lugar o un pueblo que tiene aspecto curioso o diferente es considerado _____
3. Durante fiestas patrias, hay _____ militar, que es una procesión de soldados, tanques y armas.
4. Se puede decir que una situación ocurre, pasa, acontece o _____.
5. Divertirse es también pasar un lindo rato, o en otras palabras, _____.

1. ¿En su familia o comunidad, ¿qué época del año es propia de ayuno, recogimiento o reflección?
2. ¿Cómo se celebra Semana Santa o Pascua Florida en su comunidad?

PARA COMENTAR

3. En vez de Carnaval, ¿tiene la tradición angloamericana un día alegre de disfraces, bromas y chistes? ¿Cuál es?

VOCABULARIO ÚTIL

darse el lujo	take the luxury
darse, se da el caso de que	to happen, it so happens that
disfrutar	to enjoy
Epifanía	Epiphany
Cuaresma	Lent
Carnaval	Mardi Gras
Semana Santa, Semana Mayor	Holy Week, Easter Week
Domingo de Ramos	Palm Sunday
Domingo de Resurrección, Pascua Florida	Easter Sunday
Miércoles de Ceniza	Ash Wednesday
mojar	to soak, get wet
¡Pum!	Bang!
disfrazarse	to wear a costume, disguise
hacer (una fiesta, etc.)	to have (a party, etc.)
fastidiar	to bother
inculcar	to inculcate, teach strongly
pecar, pecado (m.)	to sin, sin
cumplir con	to carry out (duty)
aprovechar(-se) de	to take advantage of
dañar	to hurt, harm

PARTE SEGUNDA

El angloamericano se sorprende al descubrir que su *Christmas, Easter,* y *Halloween* tienen muchos aspectos precristianos y paganos en su celebración. En Latinoamérica se encuentra también una mezcla°. Los festivales de Carnaval, por ejemplo, en aquellas regiones que cuentan con° mucha gente negra—predominantemente las islas y costas del Caribe, las costas brasileña, peruana, colombiana y ecuatoriana—se celebran con un marcado ambiente africano. El "Mes Morado°" de Lima, que es octubre, cuando la gente devota viste ropa morada en homenaje° al Señor de los Milagros, se originó entre la población negra y mulata de esa ciudad cuando, en 1655, un crucifijo pintado sobre la pared de una pobre capilla de esclavos y ex-esclavos quedó sin destruir° en un terremoto que arrasó° la ciudad. Por eso las famosas procesiones de octubre en Lima son todavía de notable sabor africano.

En México, durante las peregrinaciones° a la famosa Basílica de Guadalupe, multitudes de devotos—campesinos indios y mestizos en su

mezcla *mixture*
que cuentan con *include*

Morado *purple*
homenaje *homage*

quedó sin... *remained unharmed*
arrasó *leveled, wiped out*

peregrinaciones *pilgrimages*

mayoría—rinden° homenaje a la Virgen de Guadalupe, "La Santa Morena", que apareció en el año 1531, aproximadamente, en un sitio sagrado donde anteriormente un templo dedicado a Tonantzin, o Madre de los Dioses, había sido un centro de sacrificios y veneración. Allí se construyó una basílica católica, pero entre los rústicos fieles la Virgen mantuvo, y sigue manteniendo, muchos poderes de la diosa azteca Tonantzin. Entre otros ritos y creencias que combinan el cristianismo y la fe indígena está el Día de los Difuntos, cuando los cementerios de muchos pueblos rurales de México se llenan de gente que trae flores, comidas y bebidas y deja estas ofrendas° sobre las tumbas, recordando así los sacrificios de siglos atrás. Se repiten escenas similares en las zonas andinas° y centroamericanas, según la herencia histórica o racial de cada pueblo. Mientras tanto, se ven en las ciudades las últimas novedades° extranjeras: árboles de Navidad, disfraces de Halloween, tarjetas Hallmark, y ¡hasta un Santa Claus que suda° el calor de diciembre sobre un trono instalado en algún almacén sudamericano!

rinden *render*

ofrendas *offerings*
andinas *of the Andes*

novedades *fads*
suda *sweats*

Con Andrés, del Ecuador

—Después de Semana Santa hasta noviembre tenemos fiestas patrias, que son distintas fechas históricas de nuestro país, se celebra la batalla de tal y tal°. En agosto tenemos el 10 de agosto que es la Fiesta Nacional, hay desfiles militares, sobre todo en la capital. En noviembre tenemos el Día de los Difuntos, el 2 de noviembre. Pero no vamos al cementerio como en el pasado, ni nada de eso. Lo que hacemos nosotros es ir por ejemplo de campamento a la playa, o lo tratamos solamente como un día de descanso.
—Después del Día de los Difuntos, ¿qué sigue°?
—Tendríamos diciembre, que es Navidad. Es una fiesta religiosa, principalmente. La familia, todo el mundo juntos.
—¿Qué hacen en tu familia?
—En mi familia por ejemplo tenemos una familia bastante grande, y muchos viven en la provincia, aparte. Así nosotros lo que haríamos es visitar a los parientes, cambiaríamos regalos, eso es todo. A las doce de la noche del 24, que es Nochebuena, quizás mi abuela iría a la Misa del Gallo°. . . .
—¿Solamente la abuela?
—Sí, y alguna persona que la acompañe. Pero en la casa todo el mundo estaría comiendo, bebiendo, o viendo° los regalos, así que nadie en verdad presta mucha atención° a la misa. Pero la abuela no se pierde nada°. Ella siempre va a misa. Y siempre va a misa los domingos a las seis de la mañana. Nosotros nos reímos.

tal y tal *this and that*

qué sigue *what's next*

Misa del Gallo *midnight Christmas mass*
viendo *looking at*
presta mucha . . . *pays much attention*
no se . . . *doesn't miss a thing*

Con Santiago

—Bueno, en mi país, en primer lugar hay que cumplir con los oficios religiosos°, en mi familia por lo menos. Y es una fecha como de más

cumplir con . . . *observe religious services*

En las montañas del Perú, la gente celebra el Día de Los Difuntos en el cementerio.

acercamiento de la familia. Prácticamente la familia siempre está fuera° durante todo el año, y en la época de Navidad es cuando la familia se reúne.

—¿Normalmente en la casa de los abuelos, o los padres?

—Sí, exactamente. Y se hace el plato nuestro, muy típico, que es la hayaca. Eso es una especie de° harina de maíz, una especie de pastel° que lleva carne de cerdo, carne de res, tomate, pimentón, cebolla, ajo, todo envuelto en hojas de banana, de cambur°. Y en la noche del veinticuatro es la gran cena.

—¿Hay adornos en la casa?

—Sí. tenemos árbol de Navidad.

—¿Y el nacimiento°? ¿Con las figuritas? Eso es más tradicional, ¿no?

—Sí, pero ahorita el nacimiento prácticamente ha decaído porque nosotros, como que nos lucimos en° ser "snobistas", ¿ve? el arbolito de Navidad ha venido a sustituir el pesebre, el nacimiento. Hay también intercambio de regalos.

fuera *away*

una especie de *a kind of*
pastel *pie*
cambur (type of banana)

nacimiento *nativity scene, crèche*
como que ... *since we excel at*

FIESTAS Y DÍS COMMEMORATIVOS 75

—¿Cuándo se regalan?
—La noche del veinticuatro.
—¿Después de la misa?
—Puede ser después de la misa, y el que no va a misa lo hace a las doce de la noche cuando supuestamente es el nacimiento de Jesús. Los regalos se colocan al pie del arbolito, y no se destapan sino° a la medianoche. Es una fiesta que se hace con mucha comida, muchas bebidas alcohólicas también, y bailes. Es una noche especial.

°no se... *not unwrapped until*

B. . . .

PARA RESPONDER

1. ¿Cuándo es la Fiesta Patria del Ecuador?
2. Cómo se celebra el Día de los Difuntos en algunos lugares de México?
3. ¿Cómo se rinde homenaje a Nuestro Señor de los Milagros, en Lima?
4. ¿Quién es la Virgin Morena?
5. Entérese de (*find out about*) la leyenda de la Virgen de Guadalupe. ¿Qué artículo muy venerado está en la basílica?
6. ¿Quién es la santa patrona de toda Latinoamérica?
7. ¿Qué hace la abuela de Andrés, la Nochebuena (*Christmas Eve*)?
8. ¿Cuál es el plato típico venezolano de Navidades?
9. ¿Qué adorno navideño es más tradicional que el árbol en la casa hispánica?
10. ¿Qué hacen la Nochebuena en la casa de Santiago?

Identifique Ud. los antónimos:

PRÁCTICA

1. _____ rendir homenaje
2. _____ novedad
3. _____ provincia
4. _____ arrasar
5. _____ pagano
6. _____ creencia
7. _____ destapar
8. _____ indígena
9. _____ llevarse
10. _____ hacer hincapié

A. cubrir
B. duda
C. sagrado
D. extranjero
E. faltar al respeto
F. tradición
G. capital
H. no prestar atención
I. construir
J. traer

PARA COMENTAR

1. Además del Día de Independencia, ¿qué días se celebran aquí con desfiles militares? ¿En qué otros días hay desfiles que no son militares?
2. En los países anglosajones, ¿cómo se celebra el Día de Todos los Santos?
3. ¿Qué día muy celebrado en los EE. UU. a fines de noviembre no se celebra en otros países? ¿Por qué?
4. ¿Qué fiestas angloamericanas incluyen algún plato típico, o bebida típica?

Con Pablo, natural de Cuba

(*Vive ahora en Puerto Rico.*)
—¿Cómo se celebra eso en tu familia?
—¿Las Navidades°? Era más importante el Día de los Reyes, el seis de enero, cuando vivía en Cuba. Era una reunión familiar, y regalaban cosas a los niños. Uno va y busca hierba° para dejarle a los camellos, y agua, y los Reyes le darán regalos, dicen (*ríe*).
—¿Dónde dejabas la hierba y el agua?
—Las dejaba en la sala, porque no teníamos árbol de Navidad, nada de eso. Pero cuando me mudé a Puerto Rico, me empecé a criar aquí, era diferente porque estaba Santa Claus, y también celebramos aquí los Reyes. Otra cosa en las Navidades que celebramos mucho son lo que se llaman las parrandas°, que son . . . se hace un grupo de amigos con instrumentos, guitarras y eso, y van de casa en casa tarde en la noche cantando canciones navideñas, y las familias abren puertas, dan comida y cantan así toda la noche hasta que van a una casa y les preparan desayuno. Y también lo hacen con grupos de niños pequeños, y van cantando de casa en casa . . . eso es temprano, . . . y la gente les da o caramelos° o dinero.

Las Navidades *Christmas season*
hierba *grass*

parrandas *carolers, bands of singers*

caramelos *candy*

Con Andrés, del Ecuador

—¿Hay creencia en Santa Claus en tu familia?
—No tanto. En el Ecuador lo que más los niñitos creen es en el Niño Jesús que les da regalos. Ellos no creen en Papá Noel o Santa Claus, o en los Reyes. El Día de los Reyes lo celebran bastante en la Argentina, creo. Pero en el Ecuador es el Niño Jesús. Los niños van a tener ese pensamiento religioso, por lo menos.

Nuevamente con Pablo

—¿En Puerto Rico cómo celebras el Año Nuevo?
—Ésa es una fiesta grande, se reúne toda la familia y se hace una fiesta bien grande con mucha bebida y comida para despedir el° año, y cuando dan las doce° y llega el año, todo el mundo se° saluda y se felicita, dándose besos y abrazos.
—¿También hay baile público en tu ciudad?
—Sí, en el centro comunal.

despedir el *despedirse del*
dan las doce *it strikes twelve*
se *one another, each other*

Nuevamente con Santiago

—El Año Nuevo es una fiesta más o menos similar a la del veinticuatro, con la diferencia de que, para mí, es la noche de la locura°. Todos quieren estar en su casa, con la familia, cuando dan las doce, pero antes, a las diez,

locura *madness, lunacy*

FIESTAS Y DÍS COMMEMORATIVOS   77

las once, están fuera, en fiestas de amigos y amistades. Entonces todo el mundo espera a que falten quince minutos para las doce, para entonces andarse matando° por la calle, en carros y a pie, para llegar a casa. Además, la gente va muy tomada°. Y yo digo que es la noche de locura porque es la noche de accidentes. Sin embargo, por ser° tradición yo lo° respeto. O sea, recibir el año en familia es algo muy significativo°.

andarse matando *go rushing, "tearing"*
tomada *drunk, tipsy*
por ser *since it is*
lo (refers to **Año Nuevo**)
significativo *meaningful*

B

1. ¿Quiénes fueron los Reyes Magos?
2. ¿Cuál es el día tradicional de los Reyes? ¿Por qué?
3. ¿Qué dejan los niños para los camellos?
4. ¿Qué son las parrandas, en Puerto Rico?
5. ¿Qué otro nombre tiene Santa Claus en español?
6. Según Andrés, ¿por qué es un poco más religiosa la Navidad ecuatoriana?
7. ¿Por qué dice Santiago que para él, Año Nuevo es la noche de locura?

PARA RESPONDER

Llénense los espacios en blanco de acuerdo con la frase.

PRÁCTICA

faltan   tomado   matándose
da   caramelos   camellos
parranda   despedir

1. Estar borracho es también estar _____.
2. En el momento de llegar una hora, se dice que _____ esa hora.
3. Andar muy rápidamente es también andar _____.
4. En vez de "dulces", se dice comúnmente _____.
5. Un grupo que va de casa en casa, cantando, es en Puerto Rico una _____.
6. En vez de decir "son las doce menos diez", se puede decir _____ diez para las doce".
7. Los niños dejan paja o hierba cuando vienen los Reyes, porque éstos vienen montando a _____.

¿Cuál es la palabra que sobra? Esa palabra es equivalente a _____. (Piense en un sinónimo.)

1. El Día de la Raza se celebra en muchos lugares de Latinoamérica, de los EE. UU. y en España. ¿Por qué es un día de tanto orgullo y emoción para la "raza" latina?
2. Una tradición mexicana es la piñata. ¿Qué es?
3. ¿Cómo se celebra la Navidad en la familia o en la comunidad de Ud.?
4. ¿Cómo se percibe en este capítulo un conflicto entre la tradición hispana y la "americanización"? ¿Cuál es su opinión de este conflicto?

PARA COMENTAR

VOCABULARIO ÚTIL

sorprenderse	to be surprised
hacer peregrinación	to go on pilgrimage
mulato	mulatto, mixture of Caucasian and African races
mestizo	mixture of American indigenous and Caucasian races
rendir homenaje	to pay, render homage
novedad	novelty, fad
recogimiento	retreat, seclusion
lucirse	to show off
lucirse en	to excel at
estar, andar tomado	to be tipsy
prestar atención	to pay attention
mezcla	mixture
parranda	strolling singers (also spree, binge)
arrasar	to wipe out, destroy completely
hacer hincapié en	to emphasize
ya que	since, seeing that
guardar ayuno	to fast

PARA DISCUTIR

ACTUACIÓN (*ROLE PLAY*) O DIÁLOGO ESCRITO. *Los señores Méndez y Suárez tienen preferencias muy diferentes en cuanto a sus actividades durante los días de fiesta.* Imagine (make up) *un debate entre ellos, utilizando los siguientes elementos, además de otros que sean útiles, para que cada uno defienda su punto de vista.*

Señor Méndez:	*Señor Suárez:*
disfrutar	cumplir con los oficios religiosos
ir de parranda	ir a misa
pasar unas vacaciones	pasar una época de recogimiento
estar fuera	reunirse con la familia
andar tomado	guardar ayuno
hacer fiesta	hacer procesión
hacer puente largo	respetar las tradiciones
ir de campamento	hacer peregrinación

CAPÍTULO 6

Modales y comportamiento

PARTE PRIMERA

¿Son de verdad fríos los angloamericanos? ¿Exageradamente apasionados los latinos? Según reza el refrán°:

> Dicen que un buey° voló:
> Puede que sí, puede que no.

O sea, sinceramente no lo sabemos°. Lo cierto es que las manifestaciones° exteriores del trato social que indican distanciamiento°, respeto, amistad, o intimidad, y que se realizan diariamente en forma casi automática—todo lo que significan los modales—pueden ser diferentes en las dos culturas, y un conocimiento de los modales tiende a suavizar° el contacto con otros "modos de ser". Ya que aquí sólo se pueden tocar aspectos sobresalientes al respecto°, hemos hecho la pregunta "¿Qué le enseñaron de niño?" y luego, "¿En qué consiste el ser una persona bien educada°?" Además de hacer resaltar° reglas sociales más o menos comunes, las respuestas han hecho hincapié en otros aspectos tal vez nuevos para el anglohablante°: el predominio del contacto físico (apretón de manos°, abrazo, beso), el tú y el usted, el concepto de confianza°, y el alto valor que se le da al respeto, sobre todo ante la gente mayor°.

Ya se habrá notado que el respeto es de importancia primordial° en lo que se considera buena educación°. A nivel profesional, tal rasgo se percibe en la abundancia de títulos: Doctor, Profesor, Señor—y en combinaciones como Señor Doctor, etc.—, Arquitecto, Ingeniero, Licenciado y otros que anteceden y acompañan el nombre. Al técnico o al que ejerce un oficio se le llama a veces "Maestro", sea éste fontanero°, electricista, o chofer de taxi. Y a nivel familiar°, no es raro que uno pregunte por° "su señora madre" o "su señora esposa". ¿Es exagerado en estos casos el respeto? ¿Es respeto o mero ritual? ¿Es el respeto otra cara del orgullo? Lo cierto es que se da.

Por ahora comenzaremos con respuestas dadas por individuos que han pasado una temporada en los Estados Unidos. Se les preguntó, "¿son corteses y amistosos los norteamericanos?"

Según reza . . . *as the saying goes*
buey *ox*

no lo . . . *we don't know*
manifestaciones *display*
distanciamiento *aloofness*

tiende a . . . *tends to soften*
al respecto *in this respect*
bien educada *well-mannered*
hacer resaltar *bring out*
anglohablante *English speaker*
apretón de manos *handshake*
confianza *confidence, trustworthiness*
mayor *older*
primordial *basic*
buena educación *good manners*

fontanero *plumber*
familiar *family* (adj.)
pregunte por *inquire about*

Saludando con mucho cariño a la abuela.

Responde Gerardo, estudiante mexicano

(*Llegado tres días antes, de vacaciones.*)
—Bueno, se me hace° que son tan amistosos como en México. Este . . . (*duda largamente*). . . . Bueno, creo que son un poco más fríos. En México nos damos la mano° cuando saludamos, aquí raramente, casi no se da.

<small>**se me hace** *it appears to me* (Mex.)
nos damos . . . *we shake hands*</small>

Responde Cecilia, joven chilena

—Estuve tres años en los Estados Unidos. ¿Cortesía? ¡No existe! Si uno no se fija°, si uno no tiene cuidado, le tiran° la puerta en las narices, ¿no es cierto?

<small>**no se fija** *doesn't watch out, notice*
tiran *slam*</small>

Con Arturo, panameño

(*Lleva° seis meses en los EE. UU.*)
—¿Cuál fue su primera impresión de la cortesía angloamericana?
—Bueno, que ellos realmente no dan un valor primordial al sexo femenino.
—¿En qué aspecto?
—Ellos, por ejemplo . . . por lo menos se da el caso de que donde hay una muchacha detrás de un hombre, ¿no? y abre la puerta, no le importa° si atrás viene quien venga. Suelta° la puerta y . . . la que viene atrás, que la agarre°, ¿no? Y ya eso me parece que falla° bastante.

<small>**lleva** *has been*
no le importa *it doesn't matter to him*
Suelta *he lets go of*
que la agarre *let her grab it*
falla *is wrong*</small>

—¿Qué es lo que se le inculcó mucho a Ud. que tal vez falte en los Estados Unidos?
—¡El respeto!
—¿Respeto a quién?
—Primero hay que respetar a los padres de uno. Parece que los norteamericanos no respetan a sus padres. Y, hay que respetar al maestro°, al profesor. Y no saben tampoco decir "gracias". "Gracias", esa palabra parece que aquí no existe. Ni decir "buenas noches", "buenos días", o "¿cómo amaneciste?°" Y lo primero que le contestan es "estoy cansado", sin dar una respuesta de cortesía, y no ponerse a quejar o gruñir° solamente. ¿Cómo va a ser que una persona no tenga tiempo ni para decir un "hola", "¿cómo te sientes?", o responder?
—¿O darle la mano?
—¡O darle la mano! Y cuando se va, simplemente se levanta y se marcha y por allí mismo salió°. Yo me quedo sorprendido. Y si yo voy a pasar por el medio de otras personas yo pido primero permiso. Pero ellos no. Y hablan con la boca llena. Es grosero°.
—Pero Ud, ha estado en el ámbito universitario, donde. . . .
—No, yo he estado en otro . . . con familias, y es así°. Y no hay respeto. Dicen que aman a una persona, que la quieren°, pero yo no veo en qué

maestro teacher

¿cómo amaneciste? how are you feeling this morning?
gruñir grunt

por allí . . . off he goes
grosero crude, ill-mannered
es así that's the way it is
Dicen . . . they say they love a person, that they love him or her

forma. Yo quiero a mi papá, yo lo respeto, y veo las dos cosas seguidas°. Pero aquí, o se quiere o se respeta. . . . Ah, y otra cosa. Aquí la persona tiene que ser concisa en lo que habla, no hay . . . se va directo . . . va automáticamente al grano de una vez°, va automáticamente a lo que va a decir sin prepararme qué es lo que me va a decir a mí.

seguidos *together*

al grano . . . *right to the point*

—Le parece brusco, ¿eh?

—Exactamente. No preguntan por mí, no tienen ningún interés en mí, solamente en ello, sólo el informe, y no hay conversación. Cuando hablo con una persona en mi casa, hablo por media hora por ejemplo, y pregunto por él y por todo el mundo que conozco (*ríe*).

—En Estados Unidos suelen decir° que "el tiempo es dinero".

suelen decir *they commonly say*

—Bueno, a todo el mundo es dinero, pero hay cosas más importantes, ¿no?

—De acuerdo. Por todo esto que me estás diciendo, ¿es por esto que los norteamericanos tienen fama de ser fríos? ¿Porque no dan la mano? ¿Porque no conversan? ¿Porque no saludan?

—Tal vez. En lo de decir° no dar la mano, una vez yo le pregunté a un americano, "bueno, ¿por qué Ud. no me de la mano?", y me dice "no me gusta que la persona me toque, no sé qué esa persona hizo anteriormente con la mano, o tiene microbios y me va a pasar microbios. . . ." Yo me quedé sorprendido. Y hablaba en serio. Me dio la impresión como que ya quería ponerme una barrera°. Y aquí se ponen muchas barreras, aquí al latino lo tienen considerado como . . . no lo tienen bien visto, y se ponen en plan egoísta°, "yo soy esto y soy esto y soy esto, y hago esto y tengo esto . . . yo yo yo".

En lo . . . *speaking of*

barrera *barrier*

se ponen . . . stuck-up *they act*

Con Miguel, de Puerto Rico

—¿Cuáles son algunas fórmulas de cortesía que te enseñaron de niño°?

de niño *as a child*

—Abrir la puerta a una muchacha, y dejarla pasar primero. Y en la mañana cuando uno se levanta, aunque uno se sienta mal, siempre se dice "buenos días, buenos días" a todos. Y también, al comer, los modales en la mesa, ah, y el respeto hacia la gente mayor y los maestros, cuando el maestro entra en la clase todo el mundo le dice "buenos días", o "buenas tardes", o lo que sea. Y los maestros saludan a la clase. Además, nos enseñaron a dar la mano al saludar, y al despedirse también. Despedirse sin dar la mano es feo, es . . . americano (*ríe*) . . . y si es con buenos amigos, nos abrazamos, y si es con parientes, nos° besamos también.

nos *each other*

1. ¿Cuál es la fama que parecen tener los angloamericanos ante la gente latina?
2. ¿Qué aspecto de los modales angloamericanos no le gusta a Gerardo?
3. A Cecilia, ¿qué no le gusta?
4. ¿Qué dice Arturo acerca de la costumbre de dar saludos en EE. UU.?
5. ¿Cómo hay que saludar y responder, según él?

PARA RESPONDER

MODALES Y COMPORTAMIENTO 83

6. ¿Qué dice él sobre el "arte de la conversación"?
7. ¿Por qué cierto norteamericano no quiso darle la mano a Arturo?
8. ¿Cree Ud. que esa persona en realidad hablaba en serio, como piensa Arturo?
9. ¿Cómo hay que despedirse, según Miguel?
10. ¿Cómo se saludan y se despiden los buenos amigos, dice él? ¿Los parientes?

PRÁCTICA

Llénense los espacios en blanco.

| educado | quedé | dar |
| cómo amaneció | fija | hacer |

1. Para adquirir informes, a veces hay que _____ una pregunta.
2. Del individuo que tiene buenos modales se dice que que es bien ____.
3. El apretón de manos consiste en _____ la mano a otro.
4. Cecilia dice que si uno no se _____, puede dar con la puerta.
5. En la mañana, en vez de decirle "buenos días", se puede preguntar "¿ _____ Ud.?"
6. "Yo me _____ sorprendido" quiere decir "yo me sorprendí".

PARA COMENTAR

1. ¿En qué ocasiones acostumbra Ud. dar la mano? ¿Abrazar o besar?
2. Para Ud., ¿en qué consiste el ser una persona bien educada?
3. En el círculo de amistades de Ud., ¿cómo se saludan y se despiden los buenos amigos?
4. En el ambiente de Ud., ¿abren los hombres la puerta a las mujeres?
5. En su opinión, ¿es el ser *businesslike* (conciso, serio, e ir al grano al hablar) una virtud o mala educación? Explique su opinión.
6. ¿Qué piensa Ud. de lo que le dijo el americano a Arturo?
7. En su opinión, ¿son justas o injustas las acusaciones de estas personas? Explique por qué o por qué no.

Con Mateo, de Puerto Rico

—El uso de tú o usted . . . "tutear" o "ustear" . . . es tema de nunca acabar°. Varía de familia en familia, de país en país. Así que seamos° concretos: ¿usas tú o usted en tu familia?
—Tú. Solamente usamos usted con gente que acabamos de conocer, o con la gente mayor que no es de familia. Depende de las relaciones que uno tenga con la persona.
—¿Con cualquier pariente usas . . . ?

de nunca . . . *never-ending*
Así que . . . *so let's be*

—Tú.
—¿Con la señora de enfrente°?
—La señora de enfrente, usted, la de al lado°, tú. Porque la conocemos mejor. Es lo mismo que, si llega el gobernador de Puerto Rico, uno lo llamaría usted, pero yo sé que hay gente que lo llama de tú, sus amigos, amigos de tanto tiempo, o cuando el mismo gobernador dice "no me llames Ud., llámame tú". Pero los jóvenes siempre se tratan de tú. Si una persona me viene y me dice, "ah, ¿y Ud.?", me siento de sesenta años. A mí no me gusta que me llamen usted.
—Pero, ¿cuántos años tienes?
—Veintiún años.
—¡Por eso°!

de enfrente *(who lives) across the street*
de al lado *next door*

por eso *that's why*

Con Andrés, de Ecuador

—A la persona que llega de visita, se acostumbra decirle "está Ud. en su casa", o "ésta es su casa", para indicar que el invitado puede sentirse a gusto°. Pero con la persona muy allegada, muy íntima, se va más allá° de estas expresiones de hospitalidad, y consideran a esa persona como muy especial, o sea, "de confianza". En tu familia, ¿qué significa el hecho de ser de confianza?
—Sería por ejemplo un amigo de papá. Trabajan juntos en el mismo trabajo. Si ellos tienen hijos, yo y mis hermanos tenemos amigos entre ellos. No son de familia pero somos muy íntimos amigos. Posiblemente mi padre sea compadre de ese amigo, o sea que uno de ellos sea padrino de un hijo de la otra familia. Y pasaríamos los fines de semana juntos. Muchas veces a los amigos de confianza los niñitos chiquitos los llaman tíos.

a gusto *at ease*
más allá *beyond*

Con la Señora Benigna, de Venezuela

—¿Cómo se sabe° que una persona es de confianza, por ejemplo en la casa de Ud.?
—Fuera de la casa, si el terreno no da más°, por el jardín hacemos lo que se llama porche°, donde allí ponemos el jardín en porrones°, macetas°. Entonces la persona que . . . que no es de una buena intimidad, que no tiene mucha intimidad con nosotros, la recibimos en el porche. Allí conversamos. De allí a lo que nosotros llamamos, bueno, más confianza, entonces de allí los pasamos al recibo°, y si son de mucha confianza, del recibo los pasamos al comedor, a comer (ríe), porque ya tenemos confianza en esa persona, sabemos que es una persona honesta, que merece confianza.

se sabe *can you tell*
si el . . . *if there isn't much land*
porche *porch*
porrones *earthenware jugs*
macetas *flower pots*
recibo *living room (sala)*

Con Miriam y Cecelia, hermanas chilenas

(Son de 19 y 16 años de edad.)
—Se da el caso de que° a veces los latinoamericanos, al visitar a los Estados Unidos, se sorprenden al ver que hay menos respeto a los mayores. ¿Tratan Uds. muy bien a la gente mayor, en realidad?

Se da . . . *It occurs that*

—Tratamos super bien a la abuela, y a toda la gente mayor, no tiene que ser un abuelo. Por ejemplo se respeta mucho al profesor.
—Pero, ¿cómo se manifiesta° esta cortesía, al profesor, por ejemplo?
—En la forma de hablarle, y cuando entra en la sala° todo el mundo se pone de pie°, y esperan hasta que salude, y cuando él nos da permiso, dice "se pueden sentar", nosotros decimos "muchas gracias" y nos sentamos.
—¿Eso se da en todos los niveles de educación?
—(*Responde Miriam*) Sí, pero en la universidad depende del profesor. Porque a algunos no les gusta. Pero normalmente se les saluda. Y mientras el profesor habla, nadie está comiendo chicle°, ni nada nada. Y cuando él sale de la clase, todos se ponen de pie.

se manifiesta *does one show*
sala *classroom (sala de clase)*
se pone de pie *stands up*

comiendo chicle *chewing gum*

Con Juan y María Luisa, también de Chile

(*Son un poco mayores que Miriam y Cecilia: tienen unos veinticinco años de edad.*)
—¿Cómo era la enseñanza de los modales en tu familia?
—(*Habla Juan.*) Muy estricta. En mi familia, por ejemplo, nadie almorzaba hasta que llegara el jefe de la familia, el padre, y si él llegaba tarde, había que esperarlo, y los niños no podíamos conversar, sólo cuando se nos preguntaba. Y en casa había que pedir permiso para todo, absolutamente todo. Nos gustaba ir a bañarnos°, por ejemplo, y no podíamos salir porque eso nos estaba prohibido. Pero eso no explicaba que no nos arrancáramos°, ¿no? e igual no más salíamos° a bañarnos, pero eso era contraviniendo la norma°.
—¿Siempre había que pedir permiso?
—Sí. No se llegaba tarde a casa. El límite eran* las nueve de la noche.
—¿Hasta qué edad?
—Hasta los diecisiete años. Después, más tarde, ya no se preocupaba. Cuando uno cumple dieciocho años, puede faltar° si quiere, siempre y cuando° uno avise.
—(*Dirigiéndose a° Maria Luisa*) Para una muchacha, ¿era diferente?
—Sí y no. Siempre que° supieran donde uno andaba. Y en este respecto, tanto para mí como para lo que veo por mis sobrinas°, los hombres tienen que encargarse de las mujeres, ir a buscarlas°. ¿Pedir permiso? También. Más que pedir permiso en mi caso era avisar donde estaba. Y eso sigue siendo hasta ahora, porque la casa no es un hotel, ¿no? Llegar hasta las dos de la mañana, "muy bien, pero avisa", dicen.

bañarnos *swimming*
eso no... *that didn't keep us from sneaking out*
igual no... *we would go off anyway*
contraviniendo... *going against the rule*

faltar *be gone, absent*
siempre y... *so long as*
Dirigiéndose a *addressing, speaking to*
Siempre que *so long as*
tanto para... *from what I've seen of my nieces, as well as myself,*
buscarlas *get them, pick them up*

Con Santiago, de Venezuela

—Santiago, mencionaste† una vez que tu papá insiste en que los hijos le pidan la bendición, y si no, es una ofensa, algo muy grave. Ahora te puedo preguntar, ¿qué es la bendición?

---

*Spanish normally insists on verb-predicate agreement when the subject and predicate are different in number.
†See footnote, p. 41.

—Esto es un acto obligatorio. En Venezuela es algo que se está perdiendo, ahorita los muchachos ni piden la bendición, por ejemplo, en las ciudades. Sin embargo hay familias muy conservadoras, sobre todo en las provincias. Mi familia es conservadora en ese sentido°, tan conservadora que a veces, a veces me pongo a pensar que si yo relatara esto a alguien de la ciudad, que piense en una forma más moderna, a lo mejor° se reirá de mí. Sin embargo yo sigo sosteniendo lo mío°. En mi familia nos acostumbraron a pedir la bendición a papá y a mamá, a los abuelos, a los tíos, e inclusive mis hermanos menores me piden la bendición a mí, y yo les pido la bendición a mis hermanos mayores.

en ese sentido *in that sense*
a lo mejor *most likely*
sigo sosteniendo... *keep with my ways*

—¿En qué consiste la bendición?
—Es el primer saludo al entrar en la casa por ejemplo. Antes de decir "¿qué tal?" se dice "papá, échame° la bendición", o simplemente, "la bendición", y se responde luego, "Dios te bendiga", o "El Señor te bendiga". Ya después de eso viene el saludo normal y el abrazo o el beso, si es que se acostumbra a ello.

échame *dame*

—¿En tu familia se le besa la mano a alguien en particular?
—En mi familia, no.
—¿Ni al abuelo ni a la abuela?
—Bueno, en mi familia se acostumbra un poco. Por ejemplo, yo voy donde mi abuelo°, que está vivo, y al yo llegar donde mi abuelo, "abuelo, la bendición", y él, "Dios te bendiga", entonces viene lo otro, "¿qué tal, abuelo, cómo estás?" Y se le puede besar la mano. Sí. Eso se ha perdido más. Besar por ejemplo, besar a mi abuelo en la mejilla°, eso sí°. Pero la mano, no tanto ahora. Y entre mis hermanos, hombres y mujeres, el saludo reglamentario° es, después de la bendición, el abrazo y el beso.

voy donde... *go over to my grandfather's*
mejilla *cheek*
eso sí *oh, yes*
saludo reglamentario *required greeting*

—¿Y con los buenos amigos?
—Se abraza.
—¿También se besa?
—Podría ser. Depende del grado de confianza.
—¿Y la bendición?
—No. No existe la bendición fuera de la familia. ¡Ah! bueno, la bendición también la usan los padrinos. Si yo soy padrino de tu hijo, entonces tu hijo, mi ahijado, deberá pedirme la bendición a mí.

1. ¿Qué modales le enseñaron de niño a Mateo?
2. ¿Con qué personas usa "usted" Mateo?
3. Según él, ¿qué trato siempre usan los jóvenes entre ellos?
4. ¿Con qué frases se admite al invitado a la casa de uno?
5. ¿Qué títulos se emplean con frecuencia en la cultura latinoamericana?
6. Según Miriam y Cecilia, ¿cómo se le muestra respeto al maestro o al profesor?
7. ¿Cómo manifestaba Juan respeto hacia su padre?
8. ¿Obedecía él siempre? ¿Cuándo no?
9. ¿Qué significa pedir la bendición? ¿Dónde se practica?
10. ¿Qué quiere decir ser de confianza?

PARA RESPONDER

PRÁCTICA

Llénense los espacios en blanco con los elementos de la lista.

falta	de nunca acabar	maestro
a gusto	de confianza	se ponen
conservadora	de al lado	mejilla

1. Si el vecino no es el de atrás, ni el de enfrente, debe ser el _____.
2. Ser _____ es ser admitido a una casa como amigo íntimo, allegado y leal.
3. Un tema interminable, muy complejo, es una tema _____.
4. Sentirse _____ es sentirse cómodo y tranquilo en algún lugar.
5. Una familia que mantiene ideas y modales de tiempos atrás, es familia _____.
6. El estudiante que _____ a clase sin permiso puede sacar malas notas.
7. No es raro llamarle _____ al chofer o al carpintero, por ejemplo.
8. Con frecuencia se besa a los viejos, si no en la mano, en la _____.
9. Al entrar en la sala, los estudiantes _____ de pie, en varios lugares.

PARA COMENTAR

1. ¿Qué personas conocidas por usted usan título?
2. En su medio ambiente, ¿cómo se la manifiesta respeto a: un abuelo; un vecino mayor de edad; un profesor?
3. ¿En qué ocasiones hay que pedir permiso en su familia?
4. ¿Cuándo hay que avisar? ¿Es realmente obligatorio?
5. ¿En qué ocasiones acostumbra Ud. ponerse de pie, por cortesía?
6. ¿Sabe Ud. si existe, o si ha existido alguna vez, una distinción semejante a tú-usted en inglés?
7. En su casa, ¿dónde se reciben a las visitas de compromiso (*formal*)? ¿A los amigos íntimos?

VOCABULARIO UTIL

hacer una pregunta	to ask a question
ser bien educado	to be well mannered
apretón de manos	handshake
dar la mano	to shake hands
preguntar por	to inquire about, ask after
darse	to happen, exist, occur
hacer resaltar	to bring out, point out
anglohablante	English speaker
fijarse (en)	to notice
ámbito, medio ambiente	surroundings
de enfrente	opposite, across the street, etc.
de al lado	next door

ser de confianza	to be as one of the family, close
de nunca acabar	never-ending
a gusto	at ease, at home
más allá (de)	beyond
comer, mascar chicle	to chew gum
ni nada nada	or anything like that
bañarse	to go swimming
arrancarse	to leave, "take off"
igual no más	all the same
contravenir una norma	to break a rule
faltar	to be absent, gone, missing
avisar	to inform, let someone know
bendecir	to bless
en ese sentido	in that sense
a lo mejor	most likely
eso sí	oh sure, certainly, indeed

PARTE SEGUNDA

Se quejó° anteriormente Andrés, diciendo que todo el mundo piensa que los latinos son machistas, y que "la mujer es una esclava en la casa". Y Andrés dijo que no es verdad. Sin embargo, es fama que° el hombre latino, padre de familia, "es rey en su casa", a veces hasta el extremo, y que la

Se quejó *complained*

es fama que *it is widely held that*

mujer y la familia viven bajo su dominio. Existe semejante tradición en cuanto al "donjuanismo": el ser apasionado y seductor. Esta tradición se encuentra tanto en la literatura hispánica como en el comportamiento público de individuos que en la calle chistan°, silban°, pellizcan°, y echan piropos° tales como "¡Ayayay, tanta carne, y yo en cuaresma!" a la mujer que pasa, posiblemente en alarde° de su casi incontrolable masculinidad. ¿Qué opinan unas mujeres latinoamericanas sobre su estado social, respecto del° hombre? A fin de plantear° el tema, hablaremos primero con Sally Marie, que es mexicana de la clase alta; con Irene, de Venezuela, y su madre Benigna, a quienes ya conocemos; luego con Ariana, mujer soltera, que lleva una vida independiente y liberada en una gran ciudad chilena.

Pero, ¿qué es el machismo? Ariana explica lo que es, a su parecer, y luego, ya que los términos "machismo", "machista", y "macho", que en su sentido castizo° solamente se refieren a animales, cuando se aplican al culto de exagerada masculinidad son procedentes de México, dejaremos que se defiendan Francisco, un joven de clase obrera mexicana, y el Ingeniero° José Francisco, que por supuesto es profesional.

chistan *go "psst"*
silban *whistle*
pellizcan *pinch*
echan piropos *make flirting remarks*
alarde *boasting*
respecto del *with respect to*
A fin de plantear *in order to bring up*

castizo *grammatically pure*

Ingeniero *holder of a technical degree*

Con Sally Marie, de México

—Según tu experiencia, ¿existen barreras para la mujer que quiere salir de la casa y superarse°?

—Yo creo que existen. Pero en mi caso no, porque en mi familia todos, hasta mi mamá, somos profesionales. Claro que hay más competencia, porque una tiene que probar que puede más° que nadie, no es tan fácil como para el hombre. O sea que él no se tiene que probar tanto. O sea, en ciertas carreras, como la ingeniería, es duro.

—¿Entonces la mujer tiene que ser mejor que el hombre?

—Sí. Pero en la educación, en la medicina, están más o menos igual. Mi hermana es veterinaria, y la tratan igual, por lo que° me dice.

—¿Y en la casa?

—En la casa siempre hay el dominio del padre.

—En tu casa, ¿en qué aspecto domina tu padre?

—¡Híjole!° (*Hace una mueca° y ríe.*) O sea, yo tengo veintidós años, y todavía tengo que pedir permiso para todo, para salir, para ir a fiestas, cualquier cosa de ésas. Y yo creo que hasta que me case, y vamos a hacer una transferencia de casa a casa, será así, porque no creo que sea inteligente de mi parte° (*ríe como si fuese una idea absurda*) tratar de vivir sola, no sería aceptado en mi familia.

superarse *advance, better herself*

puede más *is more capable*

por lo que *from what*

¡Híjole! *Wow! (Mex.)*
mueca *"face," grimace*

de mi parte *on my part*

Con Irene y su madre Benigna, venezolanas de provincias

—(*Habla Irene*) La relación de hijo o hija y padre es diferente aquí, ¿no? Por ejemplo la muchacha cuando está soltera se mantiene° en la casa hasta que se casa. Y después de que se casa, si se divorcia o si se muere el esposo,

se mantiene *remains*

ella vuelve a la casa de los padres. Por ejemplo que una mujer viva sola en un apartamento es un escándalo, que no puede ser°. No es así como en las grandes ciudades.

—Pero el joven tiene más libertad, ¿no?

—El hombre tiene más libertad, pero también. . . .

—(*Interrumpe la madre*) No va bien. Yo tengo un hijo que tiene diecinueve años, y todavía está bajo el respeto absoluto°, que no puede llegar a la casa después de las diez de la noche, y. . . .

—¿Y si llega después?

—Y si llega después, su papá le asienta la mano°. (*La madre sonríe y cruza los brazos.*)

—(*Habla Irene*) Pero Doctor Brown, ¡esas son cosas del interior! Pero en la capital todo ha cambiado.

—(*Benigna*) Allí hay muchachas que tienen su apartamento con sus amigas, y hacen una vida libre, y todo eso.

—Y ustedes, ¿qué prefieren? ¿Lo antiguo o lo moderno?

—(*Irene*) Yo he sido a lo conservador°.

—¿Y Ud., señora?

—¡También!

—¿Por qué?

—¡Porque es mejor! Lo bueno no se puede olvidar. Y realmente, en la capital se han perdido esas cosas. En la casa nuestra todavía quedan dos solteras de nosotros, una de diecisiete y una de doce años. Y por ejemplo la de diecisiete se gradúa el próximo año y todavía no sale así (*hace un gesto*) de la casa. Nosotros tenemos que conocer a esa persona con quien va a salir. Y tiene que venir a la hora que nosotros le ordenamos.

—Me imagino que el papá, su esposo, le interroga al muchacho.

—Sí, quiere saber adónde van, qué van a hacer. Por ejemplo, fiestas muy poco, no la dejamos casi nunca. Y la de doce, menos. Y hasta que no se casen°, quedarán bajo el respeto, eso sí.

no puede ser	*it can't be done*
bajo el . . .	*under complete control*
le asienta . . .	*punishes him*
a lo conservador	*on the conservative side*
hasta que . . .	*until they marry*

Con Ariana, de 30 años, chilena

—Ud. dicta clases en una academia pública, es profesional, y ha optado, al parecer°, por la vida de de una señorita soltera, moderna, y . . . libre. ¿Podría Ud. delinear° algo de su estilo de vida?

—Sí, este . . . es un caso tal vez un poco particular. Normalmente se podría esperar que una persona soltera, mujer, vaya a vivir con sus padres hasta que se case, ¿no? o hasta que vaya a trabajar a un lugar, eh . . . fuera de la ciudad. Yo vivo sola, no vivo en la misma ciudad donde mis padres viven, pero relativamente cerca, sí. No es lo más común. Pero creo que se está . . . sí no° popularizando, pero hay mucha más gente que lo hace. En estos momentos es muy difícil para una sola persona, vivir sola, arrendar°

al parecer	*apparently*
delinear	*outline*
sí no	*certainly not*
arrendar	*rent*

casa o comprar casa, y se hace° mucho más difícil,* por eso la vida en familia sigue siendo mucho más común, diría yo.

se hace *it's getting*

—Sin embargo Ud. ha podido establecer un estilo de vida más o menos independiente.

—Totalmente independiente, diría yo.

PARA RESPONDER

1. Según Sally Marie, ¿existen barreras económicas para la mujer mexicana? ¿Dónde?
2. ¿De qué forma vive Sally Marie bajo el dominio de su padre?
3. Cuando ella se case, ¿adónde pasará ese dominio, supuestamente? ¿De qué depende?
4. ¿Quién manda en la casa de Benigna e Irene? ¿A quiénes manda?
5. Según ellas, ¿dónde se encuentra un estilo de vida conservador? ¿Moderno?
6. ¿Cree Ud. que Ariana vive en una ciudad grande o pequeña? ¿Cómo se sabe?
7. ¿Por qué es difícil vivir como Ariana?

PRÁCTICA

Invente Ud. oraciones originales con los siguientes elementos.

1. portarse mal
2. ser mal visto
3. hacer una vida libre
4. superarse
5. bajo el respeto
6. optar por
7. quejarse
8. echar piropos
9. popularizarse
10. hacerse más difícil

PARA COMENTAR

1. En su comunidad, ¿tiene la mujer la posibilidad de vivir sola en un apartamento? ¿Bajo qué circunstancias? ¿Cuándo no puede ser?
2. ¿Existen aquí barreras para la mujer en algunas profesiones? Explique.
3. ¿Hay diferencias en las libertades de la mujer que vive en una ciudad grande y las del pueblo pequeño? ¿Cuáles son?
4. Sally Marie vive en la capital de su país pero ella al parecer tiene poca libertad. ¿Podría Ud. explicar por qué?

---

*Housing is currently quite expensive in urban areas.

Con Ariana

—¿Qué es el machismo, a su modo de ver°?

—El hombre típico latinoamericano es de por sí° machista, ¿eh? Él necesita tener . . . necesita ese sentido especial que le da el poder mandar en la casa, el poder decidir. Lo que no significa es, esto° . . . que él no vaya a discutir los problemas con su mujer°, no es eso. Pero tal vez en último término° es el que decide, y es el que toma una decisión, y el que hace lo que quiere.

—¿Conoce Ud. a alguna persona que sea de ese tipo? ¿A nivel personal?

—Este . . . ¡mi padre es un buen ejemplo! (*Ríe.*) Es el mejor ejemplo, un típico machista. Las cosas de la casa las hace la mujer; el hombre tiene un rol bastante definido dentro de nuestra sociedad: el trabajo y el llevar dinero a la casa.

—¿Él siempre lleva el sueldo a la casa?

—Sí, mi mamá nunca trabajó fuera de la casa.

—¿Y ella nunca ha sabido cuánto dinero trae, ni adónde se destina°?

—No. Tampoco le pregunta. El hombre tiene su sueldo, y él da el dinero necesario para los gastos.

—¿Y ella tiene que pedírselo?

—Sí, normalmente, bueno: "yo necesito tanto para los gastos, las compras de la semana", por ejemplo. Y él, él paga las otras cosas, la luz, el agua, el gas, este . . . la casa.

—Para Ud. el machismo no consiste en maltratar° a la mujer, ni abusar de ella, ¿verdad?

—No. No no no. Por supuesto que en un nivel socioeconómico bajo, ¿no es cierto? el hombre sí tiene todo el poder, si no tiene tal vez el dinero, porque la mujer sí tiene que trabajar lavando ropa o haciendo cualquier tipo de trabajo para que haya alguna entrada°, allí sí hay casos de maltrato físico, pero normalmente en la clase media no va a existir. Podría ser psicológico (*ríe*) pero no físico.

Con Francisco, joven mexicano

—Siempre se comenta eso con los mexicanos, es decir el machismo, y si quieres desmentir° la leyenda de una vez para todas°, tienes ahora la oportunidad. ¿De acuerdo°?

—Sí (*ríe*). Ya en México por lo general, ya no se habla de machismo en México. La mujer ya está, ¿cómo decir°? liberándose más, tiene más oportunidades de trabajo. Por lo general mis amigos, primos, tíos, nunca han tratado mal a sus esposas. Sí hay todavía hombres que creen que son el rey de la casa. No tengo muy lejos, allá al lado de donde nosotros vivimos, hay un señor que siempre maltrata a su esposa.

—¿La pega°?

—Sí, constantemente. Hubo un tiempo que la pegaba casi todas las noches.

—¿Borracho, o . . . ?
—Sí, borracho, o sin haber tomado, también la pegaba. Maltrataba a sus hijos. . . .
—En las familias que tú conoces, ¿quién es el, o la que maneja° el dinero? El sistema antiguo era que el padre le daba a la señora lo que necesitaba cada día, y el resto lo guardaba° siempre él.
—En la familia al lado de donde vivimos, creo que es el esposo quien maneja todo el dinero. Por ejemplo, mi padre, hace como diez años todavía, él "no, todo el dinero es para mí, y yo te doy para la comida, para lo que necesitan tus hijos". Pero ya ha cambiado mucho también él, porque él sabe ahora que él gastaba mucho, se endrogaba° mucho, y ahora es mitad-mitad. Mi madre es la que maneja también el dinero.

maneja *manages*

guardaba *kept*

se endrogaba *went into debt*

Con el Ing. José Francisco

—Siendo profesional y mexicano, ¿quisiera decirme si el machismo es calumnia°, orgullo o verdad?
—(*Ríe*) Yo creo que es un poco de todo. Sí, el mexicano es machista, es cierto eso. Pero también hay tendencia de que desaparezca el machismo. No sé realmente cuál será° la raíz del machismo pero es cosa obvia. Ud. va a México y . . . (*se encoge° los hombros*).
—Para Ud., ¿en qué consiste el machismo?
—Es muy macho aquél que . . . bueno, es un término vulgar, ¿no? . . . uno se siente "muy macho". En primer lugar ese término lo usa la gente con poca educación . . . es "muy macho" porque . . . él hace lo que quiere en su casa . . . él llega a la hora que quiere a su casa, se emborracha cuando quiere sin darle explicación a la mujer, dónde estaba ni con quién estaba. Es "muy macho" porque tiene muchos hijos. Es "muy macho" porque tiene muchas mujeres.
—Porque tiene "casa chica"°.
—Casa chica y eso, sí. Ése es el que siente "muy macho".
—Y a veces es el que maltrata a la mujer, inclusive°.
—Hay quien° le pega a la mujer también. Yo nunca le pegué a mi mujer, no puedo decir nada. Eso sí, es una realidad. Aunque le digo que es de gente de poca educación.
—Y, ¿dice Ud. que está desapareciendo?
—Sí, tiende a desaparecer. Es más°, hay campañas públicas criticando eso. "Yo soy muy macho, tengo quince hijos". "Si eres muy macho, ¿cómo los vas a educar? ¿Cómo les vas a dar de comer°? ¿Cómo los vas a vestir? ¡Como macho no vas a vestirlos ni les vas a dar de comer!" (*Ríe.*)
—¿Y el rol de la mujer está cambiando también?
—También. Sí, definitivamente. Antes la mujer era para estar en su casa, nada mas, para atender a los quehaceres° de su casa. Ahora la mujer va a la universidad, desempeña° puestos públicos. Tenemos nosotros . . . o sea, la gobernadora del Estado de Colima es una mujer, por ejemplo. Tenemos

calumnia *slander*

será *could be*
se encoge *shrugs*

"casa chica" (i.e., a mistress)

inclusive *even*
Hay quien *there are those who*

Es más *more than that*

dar de comer *feed*

quehaceres *chores, tasks*
desempeña *carries out*

miembros en la Cámara de Diputados y en la Cámara de Senadores que son mujeres, y jueces mujeres. O sea, la mujer está empezando a . . .

—. . . a subir.

—Sí, efectivamente. Y la mujer se ha dado cuenta de que puede desarrollar los trabajos que puede desarrollar un hombre.

—Y, ¿no existen barreras?

—No, no hay barreras. Sí hubo, o sea, por mucho tiempo la mujer estaba . . . (*nuevamente se encoge los hombros*).

—¿Cómo se manifiesta este cambio en su casa, por ejemplo?

—Bueno, mi esposa es química, y ejerce su profesión.

—¿Aún teniendo un niño?

—Sí, tenemos uno, y estamos esperando a otro.

—¡Ah, que bueno! ¡Felicitaciones!

—Y no soy muy macho (*ríe*).

PARA RESPONDER

1. ¿Qué dice Ariana en cuanto al llamado machista latino?
2. ¿Por qué dice ella que su padre es machista?
3. Según ella, ¿en qué grupo social hay maltrato físico a la mujer?
4. ¿Qué relata Francisco de su vecino? ¿De su padre?
5. Según el Ing. José Francisco, ¿existe el machismo en México?
6. ¿Cuáles son las características del machismo, según él?
7. ¿Qué dice él sobre la desaparición del machismo en México?

PRÁCTICA

Busque un sinónimo utilizado en el texto anterior.

1. A veces los hombres y las mujeres desempeñan un *papel* _____ muy diferente en la familia.
2. —¿Se siente Ud. a veces muy macho?
   —Sí, *en efecto* _____.
3. La mujer sabe que puede *desempeñar* _____ los mismos trabajos que hace el hombre.
4. Si es el hombre que *se ocupa de* _____ los fondos, él le da dinero a la mujer para *las compras* _____ diarias o semanales.
5. O bien la mujer trabaja para que haya alguna *renta* _____.

PARA COMENTAR

1. ¿Qué aspectos de masculinidad exagerada existen en su medio ambiente? Compárelos con los descritos aquí.
2. ¿Qué productos comerciales reflejan un tipo de machismo en sus anuncios o publicidad? Dé Ud. detalles.
3. ¿Cuál sería su descripción de un "macho" angloamericano?
4. ¿Qué figura pública es el mejor ejemplo del machismo angloamericano? Explique su respuesta.
5. Escoja: El machismo es (a) bueno (b) malo (c) a veces bueno y a veces malo. Explique su respuesta.

VOCABULARIO ÚTIL

quejarse de	to complain about
es fama que	it is widely known that
superarse	to better oneself
piropo	flirtatious remark
a su parecer	in his/her/your opinion
a fin de	in order to
de mi parte	on my part, behalf
no puede ser	can't be done, isn't done
estar bajo el respeto	to be under disciplinary control
asentarle la mano a uno	to punish one
de por sí	per se, in itself
en último término	in the end, as a last resort
¿cómo decir?	how shall I say
guardar	to keep
manejar	to handle, manage
desempeñar	to carry out (a function)
quehacer (m.)	task, chore, duty
encogerse los hombros	to shrug one's shoulders
efectivamente	in fact, indeed

PARA DISCUTIR

Las normas del trato social dependen mucho de la situación geográfica (país, ciudad, campo), de la clase socioeconómica (alta, media, obrera), y además, de la familia e individuo. Sin embargo, existen "mitos" (myths) en esta área que son difíciles de conceptualizar sin caer en el error de estereotipos, y pensar que "todos son así". Entre algunas figuras comunes de estereotipo están:

1. el machista latino, que es "rey de su casa"
2. el don Juan, o latino mujeriego (woman chaser)
3. el angloamericano frío, antipático, materialista
4. el joven angloamericano descortés y grosero
5. la mujer latina, pasiva y obediente.

(1) Escoja Ud. tres de las arriba mencionadas, y busque ejemplos de ellas en el texto y en su propia experiencia. (2) Luego busque ejemplos contrarios (en el texto y en su propia experiencia). (3) Explique su opinión de tales creencias: ¿son útiles o peligrosas? Trate de usar algunos de estos términos o modismos:

pedir permiso	faltar al respeto	avisar
quejarse de	quehaceres de la casa	manejar el dinero
echar piropos	hacerse cargo de	desempeñar un papel (rol)
casarse con	asentarle la mano	ser bien (mal) educado
dar la mano	ser de confianza	enamorarse de

CAPÍTULO 7 Cuestiones sociales

PARTE PRIMERA

No es mera casualidad° que se diga en español, "él es pobre, o rico", y por otra parte, "él está vivo, o muerto", siendo que en la tradición o cosmovisión° hispánica, éste° indica un estado transitorio y fugaz°, mientras que aquél°, el ser rico o pobre, se considera como un estado fijo, determinado por Dios o el Destino. Porque la gramática, en este caso, es fiel reflejo de la realidad.

Fue en la España feudal donde se originó la estructura social que predomina hasta hoy en la América Latina. En su esencia era, y es, un sistema basado en las siguientes características: 1. una tendencia hacia la fragmentación geográfica (o regionalismo), exagerada por las formidables barreras naturales (montañas, selvas, desiertos, mares, y grandes distancias) que hasta hoy en día dificultan° las comunicaciones y el transporte; 2. una jerarquía o sistema de castas relativamente rígida; 3. una oligarquía minoritoria o pequeña clase de dirigentes que controla los recursos económicos del país; 4. poder tripartita de tres instituciones (latifundios°, Iglesia, militar) encabezadas por miembros de dicha oligarquía; 5. una enorme masa de pobres y desposeídos° (que en la Argentina hasta llevan el nombre "descamisados"); 6. una clase media relativamente pequeña que crece lentamente a medida de que° logra educarse y adquirir costumbres que permitan cierta movilidad social.

En esta sección trataremos de tales bases de división social, primeramente en el caso de José, del puerto del Cállao, Perú. Moreno°, se crió en una familia de estibadores° y obreros, y es ahora electricista a pesar de que su familia hizo todo lo posible para que éste subiera de escala social. Tal vez desahogándose° ante las dificultades que ha sufrido, él ofrece su propia perspectiva de la rigidez social que ha experimentado° en su país.

Posteriormente habla Jesús, el chicano que describió su vida campesina en el Capítulo 3. Aquí da a conocer sus actitudes sobre el ser chicano o latino en un mundo anglosajón, y sus sentimientos sobre otros grupos hispanoparlantes en los EE. UU., con los que no hay siempre la emoción de unidad que anuncia "la Raza"°. Cabe recordar° que los actuales estados del

casualidad *coincidence*

cosmovisión *world view*
éste *the latter*
fugaz *fleeting*
aquél *the former*

dificultan *hinder*

latifundios *large landholdings*
desposeídos *without property*
a medida de que *at the rate that*

Moreno *dark-skinned*
estibadores *stevedores, dockworkers*
desahogándose *venting his anger*
experimentado *experienced*

la Raza *U.S. latino movement*
Cabe recordar *it should be remembered*

suroeste norteamericano—y sus habitantes—fueron anexados en 1848, después de la Invasión Norteamericana°, y que mucha gente de esa zona no inmigró a este país, sino que fue absorbida por él.

Invasión Norteamericana (We call it the Mexican War.)

Con José, peruano

—Anteriormente me dijiste que las distinciones sociales se basan, no solamente en el dinero que uno tenga o gane, sino también en la clase social en la que nació. Eso es un poco rígido, ¿no?

—Sí, no hay movilidad social en el Perú. El nivel social se adquiere por nacimiento y no por méritos.

—Y ¿el que trata de subir?

—Bueno, por ejemplo a mediados de° la década del sesenta, la industria pesquera° del Perú se puso a la cabeza de todas las industrias pesqueras del mundo en lo que se refiere a° la producción de la harina de pescado°. Bueno, en aquella época las lanchas que se dedicaban a la pesca de la anchoveta° eran unas lanchas pequeñas, con una tripulación° realmente pequeña. El hecho es que esta tripulación, desde el capitán hasta el último ayudante, estaba muy bien pagada. Esto dio lugar a que° las personas vinculadas a la industria pesquera dispusieran de° mayor cantidad de dinero que los de la clase media, siendo ellos de clase baja. Y permanecieron en la clase baja. Siempre hay adjetivos que se usan para estos "nuevos ricos". Por ejemplo siempre se habla en forma despectiva del obrero que gana mucho. Son "vulgares". Otra cosa que se dice es que el otro "no sabe vivir". Por ejemplo muchas de estas personas no tienen ningún interés en salir de su barrio. . . .

a mediados de *toward the middle of*
pesquera *fishing*
en lo que se . . . *with regard to*
harina de pescado *agricultural fishmeal*
anchoveta *anchovy*
tripulación *crew*
dio lugar a . . . *resulted in*
dispusieran de *had access to*

—. . . O su barriada°. . . .

—Exacto, el barrio de los pobres en que vivían antes. Sencillamente se lo echaban todo encima, se compraban ropa, se emborrachaban, y mandaban a los chicos a un colegio particular° (ríe).

—¿Y si se mudan a otro barrio?

—Si se mudan a otro barrio, los de ese barrio están horrorizados. "Sabe Dios las fiestas que van a dar y la gente que van a invitar". Sobre todo si son negros. "Todos los negros son cochinos°", dicen. "Todos los negros gritan", dicen. "Gritas como negro", dicen. O "negro gritón". O cuando hay mucho bullicio en la casa, "esto parece merienda de negros", dicen. Son expresiones comunes y corrientes°. La animosidad racial no es la misma animosidad que se da en los EE. UU., pero el efecto es el mismo, mantener al negro en su sitio, en un nivel inferior, no dejarles acercarse al nivel que tiene uno, quienquiera que sea "uno"°, que por lo visto° no es negro.

barriada *slum*

colegio particular (See Capítulo 1.)

cochinos *filthy*

comunes y corrientes *commonplace*
quienquiera que . . . *whoever "one" is*
por lo visto *obviously*

—¿Hay otras maniobras° que se utilizan para mantener las líneas sociales?

—El lenguaje es la gran defensa del nivel social. Y los modales, pero principalmente el lenguaje. Porque la persona de clase media que habla bien es . . . o se siente . . . superior a la persona de la clase baja que quizás

maniobras *devices, maneuvers*

cursó el primero y segundo año de primaria y luego tuvo que ir a vender periódicos en la calle quizás, o a limpiar carros, o lo que sea°. Y ese pobre, quién sabe con qué sacrificios, podrá ponerse un buen terno y buenos zapatos, pero en el momento de hablar, todo el mundo sabrá que es un pobre. Sus hijos, sus nietos, tal vez podrán subir, pero él no.

—Entonces, los de la clase media, ¿cómo suben a la clase alta?

—La esperanza de subir a la clase alta no existe, de ninguna manera. Hay que ser de familia riquísima, antigua, de terratenientes coloniales o algo así. Hay pocas familias así en el Perú, y todo el mundo sabe quienes son. Son los que mandan.

—¿Cómo se baja?

—Los de la clase alta no bajan nunca, pase lo que pase°. Pero en la clase media, la posibilidad de descender a la clase baja es una posibilidad que aterra°, de modo que la persona de la clase media camina muy derechito° para no meterse en líos° con nadie y fregarse°. Supongamos que uno le choca en el carro° con un . . . general, por ejemplo. Por más que° el general, digamos, tenga la culpa, la justicia no va a existir, sencillamente. El general va a hacer un par de llamadas por teléfono, una al comisario° y otra al juez, y se acabó. Todos van a fallar° en favor de la persona poderosa, el general, y el otro quedará fregado. Ahora si uno de la clase baja le choca al mismo general, uno se escapa de la prisión, se mata a un par de guardias y "se manda mudar"°, o por lo menos no tiene nada que perder. Y si uno es de la clase alta, gerente de tal empresa o dueño de tal hacienda, el general lo llama a uno y le dice, "oye cholo°, me has chocado el carro", y "ya°, mándame la cuenta", y se acabó. Pero la clase media sigue fregada.

lo que sea *whatever*

pase lo que . . . *come what may*
aterra *terrifies*
camina muy . . . *walks a very straight line*
meterse en . . . *get into trouble*
fregarse *(vulg.) screw up*
choca en . . . *has a collision*
Por más que *no matter how much*
comisario *police station*
se acabó *that's that*
fallar *give judgment*
"se manda mudar" *"vacate the premises"*
cholo *half-breed (here a familiar term of friendship)*
ya *yes*

1. ¿Cuáles son las características de la sociedad latinoamericana, en lo que se refiere a agrupaciones sociales?
2. Según José, ¿en qué se basan las distinciones sociales, además del factor económico?
3. ¿En qué industria peruana ocurrió recientemente un "boom" económico?
4. ¿De qué clase social provenían los pescadores y miembros de las tripulaciones pesqueras?
5. ¿En qué clase acabaron? ¿Por qué?
6. ¿Qué apelativos (*names*) se usan para personas de la clase baja que ganan mucho?
7. Según José, ¿a qué grupo se insulta en particular?
8. ¿Qué tiene el lenguaje que ver con las barreras sociales?
9. ¿Qué dice José respecto de la clase alta?
10. ¿Según él, por qué está "fregada" la clase media?

PARA RESPONDER

Complete las siguientes frases, sustituyendo las palabras o frases en bastardilla (in italics) *con los elementos de la lista, en la forma debida* (correct).

PRÁCTICA

CUESTIONES SOCIALES 99

lancha
latifundio
por lo visto
en lo que se refiere a
fugaz
común y corriente
desposeído
casualidad
cochino

1. Los grandes terratenientes son propietarios de *haciendas* _____ enormes.
2. No es *coincidencia* _____ que el juez falle en favor del rico.
3. Es muy despectivo decir que los de cierto grupo son todos *muy sucios* _____.
4. *Al parecer*, _____, el lenguaje es una manera de distinguir a personas de distintas clases sociales.
5. Los *muy pobres* _____ viven sin esperanza de subir de escala social.
6. Los pescadores vivían muy bien *con respecto a* _____ sueldos, pero seguían siendo de clase inferior.
7. Las *embarcaciones* _____ pesqueras eran muy pequeñas, con tripulaciones muy reducidas.
8. Si hay movilidad social, el estado de uno puede ser *transitorio* _____ y no permanente.
9. La gran mayoría de expresiones raciales son *vulgares* _____ en gente de mala educación.

PARA COMENTAR

1. En su opinión, ¿cuáles de las seis características sociales de la introducción son aplicables a la tradición angloamericana? ¿Cuáles son diferentes? ¿Por qué?
2. En la sociedad angloamericana, ¿es el lenguaje una defensa del nivel social? Dé su opinión y unos ejemplos.
3. ¿A Ud. le parece justa o exagerada la descripción de la gente rica? ¿La gente pobre? Explíquese.
4. ¿En qué profesiones en su comunidad puede uno ganar mucho dinero sin que su sueldo le traiga movilidad social? ¿Cuál es su opinión de tal profesión?

Con Jesús, chicano

—¿Se considera Ud. como chicano?
—Bueno sí, naturalmente. Soy considerado como "Mexican American" o "Hispanic". Pero yo mismo pienso: yo soy "*American* Mexican", no me pienso "*Mexican* American", *pos** no soy mexicano, no vengo del otro lado del río.
—Es posible que sus padres o abuelos hayan estado aquí más tiempo que los de muchos, ¿no?

B

*See note, page 43.

I *am* an American.

—Si, natural, cómo no. Bueno, mi *apá* es nacido aquí en Estados Unidos, pero mis abuelos sí vienen de México.
—En su opinión, ¿qué es un chicano?
—Un chicano para mí es alguien nacido en Estados Unidos y que venga de background° de mexicano. Mexicano, no puertorriqueño ni cubano ni nada de eso. Los estados chicanos, creo yo, son los del suroeste, hasta California, por Arizona, Texas, New Mexico, Nevada, Colorado. . . .
—"Aztlán°".
—Aztlán, *pos* sí. Pero ahora hay chicanos por todo Estados Unidos°.
—Ud. ha oído hablar mucho de "la Raza°", ¿no?
—Sí.
—Para Ud., ¿la Raza se identifica con chicanos, y chicanos con la Raza?

background origen

Aztlán *Southwest territories claimed by chicano militants*
todo Estados . . . (Estados Unidos is commonly singular)
la Raza *Latin solidarity*

—Sí, *nomás*, cuando hablan de la Raza no identifico° yo con cubanos ni puertorriqueños y casi no con los del otro lado, de México. De México pues tal vez. Uno no insulta a uno diciendo a una persona *asina*, como diciendo por ejemplo "tú eres mojado" o wetback.

—Incluso hay muchos hispanos a quienes no les gusta la palabra chicano, ¿verdad?

—Sí, eso es verdad, pero allí está. Es mejor, como dije antes, que decirles mojados, o spiks, o greasers. Yo creo que chicano es ya casi . . . oficial.

—Me ha dicho que los más° jóvenes están en el camino de la integración total, y la desaparición de su cultura, ¿se acuerda? ¿Por qué?

—Sí, a *munchos* les da vergüenza ya, ser México Americano. Yo a veces sí, me apeno también. Te sientes que estás° en un país extranjero, que siempre serás un mojado. Yo *pa* mí, un día, yo pensé pelear por esa causa. . . .

—¿Por Brown Power°? ¿La Raza?

—Sí, pues ponle que° yo, que no crucé el río. Y los de Argentina o Puerto Rico, ¿qué ríos cruzaron? ¿Por qué ellos tienen más derecho?

—¿Es decir que los que vienen de otros países, o desde fuera, tienen más categoría que los hispanos que son nacidos° aquí?

—Sí, naturalmente, *muncha*. Eso es por qué, si te pones a platicar con un chicano de quince, veinte años ya, él no sabe español ya. Ellos piensan que si se olvidan del español o si tratan de ser más hip, con la onda americana°, que van a ser más aceptados y van a un trabajo y pueden hablar puro inglés°, y serán más americanos.

—¿Ya no le interesa la política, el Brown Power?

—Ya no me meto en eso, no es de mi importancia°. Yo tengo acá lo mío, tengo un hijo de cinco años. Estoy bien, digamos.

identifico me identifico

los más *most*

que estás *como si estuvieras*

Brown Power *militant chicano movement*
ponle que *just figure that*

son nacidos *are natives*

con la . . . *"with it," American-style*
puro inglés *nothing but English*
no es . . . *no me importa*

Ⓑ

1. ¿En qué aspecto distingue Jesús entre los apelativos "Mexican American" y "American Mexican"?
2. ¿Qué es un chicano?
3. ¿Qué es Aztlán?
4. Además de gente mexicoamericana, ¿qué grupos latinos muy numerosos existen en los Estados Unidos?
5. ¿Por qué a algunos se les llama "espalda mojada", "mojado", o "indocumentado"?
6. ¿De qué se queja Jesús, con respecto a los otros grupos latinos en los EE. UU.?
7. ¿De qué se queja él, con respecto a los mismos chicanos?

PARA RESPONDER

Busque Ud. el antónimo:

PRÁCTICA

_____ terrateniente   **A.** fugaz
_____ limpio   **B.** común y corriente
_____ meterse en líos   **C.** casualidad

102 CAPÍTULO 7

____ simpatía	**D.** no fregarse
____ destino	**E.** animosidad
____ tranquilidad	**F.** barriada
____ eterno	**G.** desposeído
____ latifundio	**H.** bullicio
____ raro	**I.** dificultar
____ faltar	**J.** disponer de
	K. cochino

¿Cuál es el elemento sobrante en la segunda columna? Dé Ud. un antónimo de ese elemento.

PARA COMENTAR

1. En su comunidad, ¿es costumbre hablar de la gente chicana o mexicano-americana con el nombre "mexicano"?
2. ¿Por qué mucha gente quiere entrar en los EE. UU., si se le trata tan mal?
3. ¿Qué piensa Ud. de la gente que entra ilegalmente en este país? ¿Qué haría Ud. si fuera presidente?
4. ¿Qué haría Ud. si fuera de "la Raza"? Adoptaría lengua y costumbres angloamericanas, o trataría de mantener su identidad cultural? Explique su opinión.

VOCABULARIO ÚTIL

casualidad	*coincidence*
fugaz	*fleeting*
latifundio	*large landholding*
desposeído	*propertyless, have-not*
desahogarse	*to vent one's feelings*
experimentar	*to experience*
en lo que se refiere a	*with regard to*
lancha	*launch, small boat*
tripulación	*crew*
dar lugar a	*to result in*
cochino	*filthy*
común y corriente	*commonplace, run-of-the-mill*
por lo visto	*obviously*
terrateniente, latifundista	*large landholder*
pase lo que pase	*come what may*
meterse en líos	*to get into trouble*
por más que	*no matter how much*
se acabó	*that's that*
chicano	*American-born of Mexican ancestry*
Aztlán	*legendary origin of the Aztecs in the U.S.-Spanish Southwest*

La Raza *the Latin heritage; symbolic name for Latin unity*

Brown Power *militant Latino movement of the 1960s and 1970s.*

PARTE SEGUNDA

La adquisición de la isla de Puerto Rico tuvo lugar en 1898, como resultado de la Guerra Hispanoamericana, mediante la que Norteamérica se apoderó° también de Cuba y de las Islas Filipinas. Al principio la isla estuvo sometida a un gobierno militar, pero Washington fue concediéndole paulatinamente° más derechos, hasta que recibió su propia Constitución en 1952, y fue declarado Puerto Rico un Estado Libre Asociado° en esa fecha.

Estando densamente poblada esa isla, y contando con poca industria más que la de caña de azúcar°, un gran número de puertorriqueños se ha visto obligado a° buscar mejor fortuna en el "Continente"°, notablemente en Nueva York. A pesar de grandes avances y mejoras, el futuro de Puerto Rico sigue siendo discutido calurosamente, y cada cuatrienio° se efectúa° un plebiscito que ofrece las tres alternativas de 1. estado libre asociado, 2. plena categoría de estado°, o 3. independencia. Hasta la fecha°, la gran mayoría de los votantes ha optado por continuar en la presente forma de gobierno. Aunque no son muy reñidas° las votaciones, sí lo son las discusiones al respecto°, por lo cual° hablan Cleofás y Miguel, que presentan perspectivas individuales sobre su amado "Borinquen°".

se apoderó *took over*
paulatinamente *gradually*
Estado Libre Asociado *Commonwealth*
caña de azúcar *sugarcane*
se ha visto ... *have been obliged to*
"Continente" *continental U.S.*
cada cuatrienio *every four years*
se efectúa *takes place, is carried out*
plena categoría ... *full statehood*
Hasta la fecha *so far*
reñidas *bitter, hard-fought*
al respecto *on the subject*
por lo cual *consequently*
Borinquen *(Traditional Indian name for the Island. Also* **Borinquén***.)*

Con Cleofás, puertorriqueño

—Explícame tu punto de vista con respecto a la situación de Puerto Rico.

—Sinceramente yo pienso que es un gran problema, y hasta cierto punto pues yo soy pesimista en cuanto a la solución. Porque yo creo que al paso que va°, no le veo solución posible. Yo siempre he tenido ideales, este, independentistas, y habría preferido siempre que la isla se buscara un camino independiente. Pero en el mundo hay dos potencias°, que son Rusia y Estados Unidos. Y como dijo un líder independentista, que "estás en un bando° o estás en otro". Y para estar con Rusia como Cuba, pues definitivamente el comunismo no me atrae ni me convence ni nada de eso.

—O sea que, en tu opinión la isla se encuentra "entre la espada y la pared°".

—Correctamente. Porque interiormente, si Ud. estudia la cultura y eso, y ve toda la influencia americana que ha habido, pues da pena. Cuando llegaron los americanos a la isla, por ejemplo implantaron un sistema en las

al paso que va *the way it's going*

potencias *powers*

bando *side, faction*

entre la ... *between the Devil and the deep blue sea*

escuelas, que todo tenía que ser en inglés, todo. Entonces ese cambio era drástico, que la gente no sabía nada de inglés, y lo que hizo fue una mezcla, que ahora mismo se ve en el idioma que uno habla, una mezcla. Bueno, tenemos palabras que están aceptadas ya, como beauty parlor y hot dog, hamburger, y todas esas cosas. Es un tipo de colonialismo, ¿no?

—Podría ser. El sistema obligatorio de inglés, ¿está todavía en vigencia°?   **en vigencia** *in force*

—No, esa idea fracasó. Lo tuvieron que quitar porque no dio resultado, pero ahora mismo en Puerto Rico hay algunas escuelas que enseñan todo en inglés, son escuelas privadas. Pero hasta en las escuelas públicas tenemos muchos libros que son en inglés, y los usan asimismo°, aunque en la clase nunca se diga nada en inglés, los libros son en inglés, un inglés que se comprende a medias°.

asimismo *just the same*
a medias *half-way*

Con Miguel, puertorriqueño

—¿Y cuál es tu opinión sobre la situación de Puerto Rico?

—Primero, si se pudiese . . . que en este momento no se puede, pero se pudo en el pasado . . . no me gusta la forma en que Estados Unidos está en Puerto Rico, o sea, el sistema político y económico.

—En sí° no te gusta la presencia. . . .   **En sí** *as such*

—No, no en sí la presencia, es la forma en que ellos han estado presentes en la isla. O sea Estados Unidos se puede decir que se ha portado bien, en comparación con lo que ha hecho en otros países de Latinoamérica, en donde venden armas a grupos de guerrilleros, o mantienen un gobierno dictatorial en el poder. Puerto Rico no ha tenido nada de eso, tenemos una democracia, pero aún así, como quien dice, "tras la cortina°" han hecho muchas jugadas° que no me gustan, y han hecho que muchos puertorriqueños compartan° mi opinión, en que ellos están manejando la gobernación°, y en que ellos la han manejado desde que llegaron a Puerto Rico. Por otro lado°, vamos a suponer que . . . si nos podemos salir de Estados Unidos en este momento, yo creo que no. Yo creo que, la cuestión política, no hay problema, nosotros somos capaces de crear nuestro propio sistema y manejarlo y todo. Pero la cuestión económica . . . ahora estamos mal, la industria puertorriqueña está muy muy baja, son pocas las industrias que podrían mantenerse si . . . si los americanos salieran de Puerto Rico. O sea, no me gusta la presencia de ellos, pero no estoy pidiendo que se vayan en estos momentos. Únicamente estoy pidiendo acción para un cambio de mejora°, una transición hacia la independencia.

tras la cortina *behind the scenes*
hecho muchas jugadas *played many tricks*
compartan *share* **(compartir)**
gobernación *governing process*
Por otro lado *on the other hand*

mejora *improvement*

—¿Es la presencia misma de los Estados Unidos la que ha debilitado° en cierto modo el sistema económico de Puerto Rico? Por lo menos así lo he oído decir°.

debilitado *weakened*
lo he . . . said *I've heard it*
cuando *at the time of*

—Sí. Sí, porque Puerto Rico, cuando° la Guerra Hispanoamericana, y Puerto Rico pasó del poder de España al de Estados Unidos, ya había pasado por un período de lucha por independencia, con España. Lucha, no de tipo de guerra, sino lucha diplomática. Lo primero que logramos fue,

Una celebración de obreras puertorriqueñas en Nueva York.

enviaron un diputado° a la Corte° española, y entonces conseguimos tener un propio gobernador puertorriqueño, nuestra propia Constitución, con mucha más autonomía que la que tenemos ahora, libre comercio, libres elecciones, teníamos nuestra propia ciudadanía°, y se puede decir que volvimos atrás cuando los Estados Unidos implantó un sistema de gobierno militar, ningunos derechos, ninguna libertad, ni nada. Por muchos años, Puerto Rico era una base militar. Y no nos gustó. La muestra° de eso está en el movimiento nacionalista que surgió° en Puerto Rico en los años treinta y cuarenta, tan grande, e inclusive estuvo pues el intento de asesinar al Presidente . . .

—. . . Truman.*

—Ah, Truman . . . y encarcelaron a cinco puertorriqueños. Pero ahora el sentimiento nacionalista no es tan grande.

—¿Qué es lo que hay, entonces, con respecto a los terroristas que ponen bombas y eso?

—Existen esos terroristas. La única diferencia es que no tienen el respaldo° del pueblo. En los años cuarenta lo tenían.

—¿Están aislados°?

—Exacto, y esa es la razón por la cual la mayoría de los comunistas y los nacionalistas y los terroristas viven allá en los Estados Unidos, en Chicago, Nueva York. Yo tengo unas primas, por ejemplo, que viven en Nueva York, una de ellas es una nacionalista completa, lo único que habla es

diputado *representative*
Corte (Cortes) *parliament*

ciudadanía *citizenship*

maestra *proof*
surgió *rose up*

respaldo *backing*
aislados *alone, isolated*

---

*This was November 1, 1950.

independencia de Puerto Rico, y comunismo detrás. Y las otras tienen sus ideas independentistas, no tan a la extrema izquierda como la otra, pero ellas por ejemplo van a Puerto Rico yo diría que una vez cada año, y siempre tratan de que sea una época de . . . por ejemplo, el Grito de Lares, una celebración que se hace en Puerto Rico que es de un intento de independencia, una rebelión contra los españoles en 1868, el 23 de septiembre, que fracasó, y que se considera en Puerto Rico como un símbolo de nacionalismo y se celebra, y entonces pues mis primas siempre tratan de ir a Puerto Rico por esa fecha, y siempre hay actos° y ceremonias en esa fecha, y se reúne el Partido Socialista, y hacen manifestaciones°, cosas así. Pero son pocos.

actos *observances*
manifestaciones *demonstrations*

PARA RESPONDER

1. ¿Cómo llegó Puerto Rico a formar parte de los Estados Unidos?
2. ¿Qué es Puerto Rico ahora, en cuanto a su clasificación gubernamental?
3. ¿Qué opciones se presentan cada cuatro años en las elecciones puertorriqueñas? ¿Qué opción sigue ganando hasta la fecha?
4. ¿Por qué se considera pesimista Cleofás en cuanto a la situación de Puerto Rico?
5. Según Cleofás, ¿cuál es el problema lingüistico de Puerto Rico, y cómo se originó, en parte?
6. ¿Qué es lo que no le gusta a Miguel, con respecto al gobierno norteamericano en Puerto Rico?
7. ¿Por qué, según Miguel, no podría ser independiente Puerto Rico ahora?
8. ¿Por qué dice Miguel que la independencia puertorriqueña de España representó un paso atrás para los puertorriqueños?
9. ¿Qué cosas han hecho los terroristas puertorriqueños?
10. ¿Por qué, según Miguel, no es tan fuerte el movimiento nacional extremista como antes?

PRÁCTICA

Complete las siguientes frases, sustituyendo los elementos en bastardilla con elementos correspondientes de la lista que se encuentra a continuación, y haciendo los cambios necesarios.

entre la espada y la pared	efectuarse	compartir la opinión
verse obligado a	hacer una mala jugada	de uno
respaldo	por otro lado	paulatinamente

1. El gobierno norteamericano dio más derechos *poco a poco* _____ a los habitantes puertorriqueños.
2. Miguel no se opone a la presencia norteamericana, pero *por otra parte* _____ hay aspectos de ella que no le gustan.
3. El puertorriqueño que se siente patriota norteamericano y puertorriqueño se encuentra a veces *entre dos aguas* _____.

CUESTIONES SOCIALES 107

4. Los de extrema izquierda faltan del *apoyo* _____ de la mayoría de los puertorriqueños.
5. ¿Será posible que el gobierno norteamericano haya *engañado* _____ a veces a los de Puerto Rico?
6. Debido a la situación económica de la isla, muchos puertorriqueños *tuvieron que* _____ irse para el norte.
7. Miguel cree que, en cuanto a la situación de Puerto Rico, muchos *están de acuerdo con él* _____.
8. A intervalos *se llevan a cabo* _____ elecciones para determinar el futuro político de la isla.

PARA COMENTAR

1. En su opinión, ¿cuál sería el mejor camino para Puerto Rico: ser un estado, ser independiente, o ser un estado libre asociado? Defienda su opinión.
2. Si Ud. fuera de Puerto Rico, ¿tendría la misma opinión que acaba de defender? ¿Por qué o por qué no?
3. ¿Qué ventajas tiene Puerto Rico, siendo parte de los Estados Unidos? ¿Qué desventajas tiene?

Con Blanca

(*Joven cubana radicada ya en los Estados Unidos.*)
—¿Podrías recordar algo de lo que te pasó en Cuba, algo que haya quedado grabado en tu memoria?
—Bueno, como Cuba es un país comunista, en la escuela antes de empezar las clases teníamos que reunirnos, todos los estudiantes, en una área que teníamos en el centro de la escuela, y allí teníamos que cantar canciones comunistas, y claro, aunque uno no quisiera, tenía que hacerlo porque era forzoso° hacerlo. O sea, desde que uno era muy chiquitico° le empezaban a influir, le influyen a uno con las ideas comunistas.
—También había que hacer una especie de trabajo obligatorio, ¿no es verdad?
—Sí, se llama una "becada", que comenzaba cuando uno empieza en el grado seis.
—Tenían que trabajar en los campos, cortando caña°, y eso, ¿no?
—Sí. En ese tiempo no era tan fuerte como lo es ahora, porque mis primos de mi misma edad, que se quedaron en Cuba, tienen que dejar a su familia y van a otro estado. Allí tienen que trabajar por las mañanas en el campo, y durante la tarde tienen que estudiar, y a veces me pongo a pensar y me digo que si yo estuviera en Cuba todavía, a lo mejor° estaría trabajando en los campos, haciendo lo mismo que ellos, o a lo mejor estaría en África, me hubieran mandado para África° como algunos de mis primos que están allí.
—¿En el ejército o la milicia?

forzoso *compulsory, necessary*
chiquitico *(dim. of chico)*

caña *(sugar) cane*

a lo mejor *most likely*
África *(probably in Angola)*

—Sí. Bueno, les llaman maestros pero en sí ellos entrenan a otros . . . no sé.

—¿Cómo saliste del país?

—Mi tío vino para acá cuando . . . eso fue cuando Castro . . . yo no sé cómo fue exactamente, a mí me han dicho* que Castro se emborrachó un día, y él estaba hablando, ¿no? y dijo que todos los que quisieran irse de Cuba podían ir, y él pensaba que nadie se iba a ir, pero entonces muchísimos fueron en seguida y sacaron los pasaportes, y entonces mi tío sacó pasaportes para su familia y para nosotros, y ellos salieron en seguida pero nosotros tuvimos que esperar a que el número de nosotros viniera, ¿no? y entonces tuvimos que esperar seis años.

—¿Qué experiencias tuvo tu familia durante esa época?

—Bueno, había una escasez de cosas, las cosas estaban racionadas. Por ejemplo, yo me acuerdo que recibíamos un par de zapatos por año, y son de esos plásticos, son muy malos, Ud. sabe que en el clima caliente le queman a uno los pies. Y el pan, medio pan° por persona por semana. El café también estaba racionado, había muy poquitico, también el arroz.

medio pan   *half a loaf of bread*

---

*Although this story is unlikely, it is widely told.

—¿Y el azúcar?
—Oh, sí, también. Castro manda todo el azúcar a Rusia, para comprar maquinaria y armas.
—¿Y tu familia?
—Mi papá estuvo en un campo de concentración por tres años.
—¿Por qué razón?
—Porque queríamos salir del país. Se lo llevaron a Pinar del Río, que queda al oeste de la Habana, y allí le pusieron a trabajar.
—¿Qué trabajo hacía?
—Bueno, tenía que cortar caña. Y le daban muy poca comida. Yo me acuerdo de que él venía de vez en cuando, cuando le daban el pase° para salir, y él estaba muy flaquitico°. Dijo que en unas Navidades les dieron un pedazo de pan mohoso°, con el moho° así, verde, y la mitad de una papa. Eso era todo lo que le dieron esa Navidad, porque en Cuba no se cree en nada. Castro no cree en nada.
—¿Cómo te sentiste en el momento de salir?
—Pues, yo lo que tengo recordado° es que yo lloraba, era chiquitica, ¿no? Y mi mamá me dijo cuando subíamos al avión, "mira, vamos a tener que darnos cuenta de que a lo mejor no vamos a poder volver más nunca° a Cuba, y no vamos a ver más nunca a los abuelos, a los tíos, a los primos de nosotros". Y cuando el avión despegó°, ella me dijo, "aunque este avión se caiga al mar, vamos a estar mucho mejor de lo que estábamos en Cuba". ¿Por qué una persona va a decir eso? Porque prefiere un tipo de muerte así antes que° vivir en la esclavitud°.
—Se echa de ver° que estás inconforme con el comunismo de Cuba. Sin embargo, tenemos que reconocer el hecho de que hay mucha gente que está contenta de quedarse allí, y que son partidarios° del comunismo.
—Pero son muy pocos, yo creo. Y yo no entiendo por qué. Yo no pudiera estar conforme bajo el sistema comunista. Yo vi el sufrimiento que pasaron° mis padres. Cuando mi madre no tenía casi nada que comer, ella me daba lo que ella tenía, porque era la niña. Es una de las razones que mis padres nada más me tuvieron a mí, fue por el comunismo, ¿no? porque no querían agregar más ningún° hijo.
—Entonces, ¿qué opinas° del rol de los EE. UU. en Latinoamérica, del llamado "imperialismo yanqui"?
—¿Que son opresores? Yo no creo. Y bueno, si los comunistas se meten°, ¿a poco° los Estados Unidos no saben meterse también? Tienen tanto derecho como los comunistas. Eso es una de las cosas de Castro . . . nosotros oímos las noticias de Radio Cuba, y es una cosa que ellos hacen, siempre dicen cosas contra los Estados Unidos, siempre, siempre. No pasan dos palabras que no digan algo contra "el Norte". Él, Castro, se hace el° santo. Pero ellos nunca dicen que se están metiendo en todas partes, en África, en Centroamérica. Entonces yo no creo que si los Estados Unidos se meten, sea algo malo. Yo creo que está bien. Ésa es mi opinión.

pase pass, furlough
flaquitico skinny (dim. of **flaco**)
mohoso moldy
moho mold

tengo recordado keep remembering
más nunca any more (Cub.)
despegó took off

antes que rather than
esclavitud slavery
Se echa . . . it's apparent
partidarios advocates

pasaron went through, endured

agregar más ningún add one more
qué opinas what do you think

se meten get involved
a poco do you suppose

se hace el acts like a

PARA RESPONDER

1. ¿Cómo se ejerce una influencia política sobre los niños de escuela en Cuba, según Blanca?
2. ¿Qué es la "becada" que ella describe?
3. ¿Adónde les mandan a los jóvenes cubanos a veces, según ella? ¿Por qué?
4. ¿Qué cosas escaseaban (*were scarce*) en la familia de Blanca? ¿Por qué había escasez, según dice ella?
5. ¿Por qué el papá de Blanca estuvo en un campo de concentración? ¿Cómo era su vida allí?
6. Describa Ud. el momento de partida de la familia de Blanca. ¿Fue un momento de alegría o de tristeza? Explique.
7. ¿Qué piensa Blanca del comunismo? ¿Por qué piensa así?
8. ¿Qué piensa ella de la intervención norteamericana en Latinoamérica? ¿Por qué?

PRÁCTICA

Componga Ud. frases originales con los comienzos que se dan a continuación.

1. Mis padres se quejan cuando . . . _____
2. Me da vergüenza . . . _____
3. Una persona que se hace el tonto . . . _____
4. Para meterse en líos, sólo es necesario . . . _____
5. Si yo no hago los quehaceres de la casa, . . . _____
6. Yo estoy inconforme con . . . _____
7. Soy partidario(-a) de . . . _____
8. Con frecuencia, me veo obligado(-a) a . . . _____

PARA COMENTAR

1. ¿Han existido en los EE. UU. campos de concentración? ¿Trabajos forzados? Comente.
2. Si Ud. quisiera emigrar de su país a otro, ¿qué restricciones habría de parte del gobierno? ¿Qué trámites (*steps*) y procedimientos serían necesarios?
3. ¿Bajo qué condiciones pensaría Ud. seriamente en abandonar este país?
4. ¿Cree Ud. que tales condiciones posiblemente podrían ocurrir acá? ¿Por qué? (o) ¿Por qué no?

VOCABULARIO ÚTIL

estar conforme (inconforme) con	to be satisfied (dissatisfied) with
paulatinamente	gradually
verse obligado a	to be required to
efectuarse	to carry out
hasta la fecha	until now, so far
debilitar	to weaken
ciudadanía	citizenship
surgir	to come up (i.e., a problem or situation)

respaldo	*backing, support*
manifestación	*public demonstration*
reunirse	*to meet, gather*
una especie de	*a sort of*
se echa de ver que	*it is apparent that*
en vigencia	*in force (a law or rule)*
opinar	*to think, have an opinion*
meterse	*to get involved*
¿A poco . . . ?	*Do you suppose . . . ?*
hacerse el, la	*to act like a*

PARA DISCUTIR

OPCIÓN A. *ACTUACIÓN O DIÁLOGO ESCRITO: miembros y representantes de dos partidos políticos harán un debate o discusión sobre los puntos de vista que se reflejan en sus programas políticos. Los partidos se llaman el Partido Progresista Nacional (PPN) y el Partido Tradicionalista Patriótico (PTP); cada grupo dará a conocer su punto de vista, y cuestionará el del otro partido, con entusiasmo y fervor. Se usarán como base las siguientes frases.*

PPN	PTP
Reclamemos más derechos, ahora.	Demos derechos paulatinamente, cuando el pueblo esté listo.
Hagamos manifestaciones, movilicemos las conciencias.	Suprimamos la violencia y el caos, mantengamos el orden.
Busquemos el respaldo del pueblo desposeído.	Permitamos que los más educados y responsables gobiernen.
Repartamos las tierras y las industrias.	No arruinemos la economía con experimentos.
Fomentemos la movilidad social.	Fomentemos la estabilidad social.
Apoyemos los derechos del pueblo, no del gobierno.	Apoyemos las instituciones que funcionan en beneficio del pueblo.
NO HAY PROGRESO SIN CAMBIO	NO HAY PROSPERIDAD SIN PAZ

(OPCIÓN B). *Usted ha oído indudablemente las declaraciones que siguen. Pero, ¿qué opina usted, en realidad? Indique su grado de acuerdo o desacuerdo, y luego explique su opinión.*

1. "La movilidad social existe en los EE. UU. para todas las personas que quieren superarse".

   DE ACUERDO   PARCIALMENTE DE ACUERDO   EN DESACUERDO

2. "Hay gente hispana en los EE. UU. que es más 'americana' que muchísimas otras personas, porque llegaron antes".

   DE ACUERDO   PARCIALMENTE DE ACUERDO   EN DESACUERDO

   _____

3. "Las minorías que se integran a la sociedad angloamericana van a perder su identidad cultural; las que mantienen sus costumbres no se integran. Hay que escoger".

   DE ACUERDO   PARCIALMENTE DE ACUERDO   EN DESACUERDO

   _____

4. "EE. UU. es un país donde se habla inglés. Los que vienen a vivir aquí deben aprender nuestro idioma, o por necesidad práctica, o por obligación de ley".

   DE ACUERDO   PARCIALMENTE DE ACUERDO   EN DESACUERDO

   _____

5. "Antes muerto que rojo".

   DE ACUERDO   PARCIALMENTE DE ACUERDO   EN DESACUERDO

   _____

CAPÍTULO 8
Cuidando el cuerpo

PARTE PRIMERA

La visión que tiene el extranjero, al pensar en la comida "latina", puede ser una de platos típicos del llamado *Spanish restaurant*: tacos, enchiladas, y demás°, aunque tienen poco o nada que ver con la comida española. Estos platos tampoco son propios de° la Argentina, ni del Perú, ni de otro sitio fuera de la influencia mexicana. En efecto, la tortilla de maíz, el taco y la enchilada son de herencia indígena mesoamericana, y representan una *cuisine* originalísima y única en el mundo del paladar°.

Por toda Latinoamérica existe una riqueza y variedad sorprendente de platos, que corresponden a la riqueza geográfica y a las múltiples influencias que inciden en° todo el continente. Pedir una enchilada con tortillas en Buenos Aires sería un error equivalente a pedir un *kidney pie* en el restaurante favorito de Ud. Además, "tortilla", fuera de México y Centroamérica, no es ni más ni menos que una *omelette*.

Lo que se come viene relacionado con cuándo y cómo se come, por lo cual hablaremos de costumbres culinarias, que son también muy variadas. Hablaremos primero, y largamente°, con Mercedes, que expone con bastante detalle los hábitos de su familia uruguaya, incluyendo su horario de comidas y otros aspectos de la cocina en su familia.

y demás *and so forth*
son propios de *are characteristic of*

paladar *palate*

inciden en *affect*

largamente *extensively*

Con Mercedes, la chica del Uruguay

—Mercedes, dime algo de las comidas de tu familia. ¿quieres°?
—En mi familia tenemos cuatro comidas por día. A la hora que uno se levante se toma el desayuno, y no es nada importante. Consiste generalmente en una taza de café con leche, o té, o café, o chocolate, y alguna torta°, o bizcochos°, es solamente eso. Luego al mediodía se toma el almuerzo, se almuerza. Ésa es la comida principal, puede durar más de una hora a veces. Se intenta° que toda la familia esté reunida, pero no siempre se logra°, porque a veces mi padre trabaja o los chicos tienen que ir al liceo,

¿quieres? *will you?*

B

torta *cake*
bizcochos *rolls*
intenta *try*
se logra *succeed*

Cantando de sobremesa.

o escuela, o algo. Y a veces los horarios no coinciden. Pero por ejemplo los domingos toda la familia está junta y se pueden tener varios platos° en el almuerzo, por ejemplo se puede tener entrada, dos platos y postre. Aunque no siempre hay que ser tan completo.

   —¿Y después?

   —Luego a las cinco de la tarde se toma la merienda, que consiste en té, leche, café o Coca-Cola cuando los jóvenes están solos y no está la mamá para decir que hay que tomar leche (*ríe*), y se toma con tortas y bizcochos y todo lo que se puede encontrar. Y luego la cena, la hora depende de cada familia. En general se cena cuando el padre vuelve del trabajo, o la madre, si es que la madre trabaja.

   —Eso puede ser alrededor de las ocho, ¿no?

   —Sí, generalmente se cena alrededor de las ocho y media o nueve, pero algunas familias cenan a las diez o a las once. Y no todas las familias cenan, es decir, la cena consistiría en un plato y el postre, posiblemente, pero la mayoría de las familias solamente comen sandwich o nuevamente toman algo como leche o café. No todas las familias cenan, no es nada importante.

   —¿Dónde se compran los comestibles° en tu familia?

   —Ah, no hay que conducir un auto e ir hasta no sé dónde para comprar para toda la semana. Nosotros tenemos almacenes° en cada esquina, creo. Así que la madre o los chicos, las personas que estén en la casa, tienen que ir a comprar pan, leche, fruta, todo lo que se va a tomar ese día. Y van a pie.

platos *courses*

comestibles *groceries*

almacenes *(here) neighborhood general stores* (**bodegas**)

—¿Hay criada, cocinera?

—A veces, pero nosotros no. Esto está volviendo° cada día menos común, porque la universidad es gratis, cada día hay más profesionales y más gente que aspira a más, y tenemos cada día menos servicio doméstico. La gente de la clase alta siempre se las arregla° para tener por lo menos un sirviente o una empleada, aunque sea una persona que venga una vez por la semana a limpiar la casa . . . y eso no es solamente la clase alta, la clase media también. Algunas familias pueden tener cocinera, pero la verdad yo no conozco ninguna (*ríe*), debe ser muy clase alta.

—Bueno, háblame más de las compras.

—Entonces las compras se hacen en el almacén de la esquina. Y luego una vez por semana hay ferias. Las ferias son lugares donde solamente venden frutas y verduras, carne fresca y huevos, no sé, comida fresca, y las hacen° en la calle. Instalan puestos, tales como tiendas°, hechas de madera y de tela, y ponen cajones° con frutas y con verduras, y todas las amas de casa van para la calle y eligen los precios y la fruta.

—¿Es que cada barrio tiene su día de feria?

—Sí, cierto. Se van cambiando de barrio, y cada barrio tiene un día distinto, sí. Y hay una feria que es muy importante, está todos los domingos en el mismo lugar de la ciudad. Pero allí tienen de todo, tienen ropa, conejos, animales, juguetes, cosas viejas, no sé, de todo un poco. Esa feria está en el centro, en plena calle°. Ese día los autos tienen que cambiar de dirección, pero no lleva mucho°.

—Ahora, como último tema: platos típicos. ¿Qué es lo que más se come en tu familia?

—Lo que más se come en mi país, el Uruguay, y también en la Argentina, creo, es carne de vaca, porque es lo que más tenemos, ganado vacuno°, así que todos los días hay que comer churrasco° o milanesas°, que es carne con pan rallado° y huevo, y asado°, chorizos°. . . . y a veces se hacen asados al aire libre, y eso es redivertido°. Generalmente se invita a toda la familia y a algunos amigos, y todo el mundo come pedazos de asado y chorizos, todo al aire libre, eso se llama una parrillada°. A mí me gusta.

—¿Es eso lo que se hacía en tiempos de los gauchos con un hueco° en la tierra donde ponían carbones°, y daban vueltas° a la carne, a veces toda una vaca?

—Sí, a veces. Es más moderno tener un gril° eléctrico (*ríe*), pero si se quiere hacer de la manera tradicional, se pone carbón y todo eso, a lo gaucho°.

—¿Otros platos?

—Ah, y otra cosa típica es . . . son los postres. Es decir, una comida no está completa si no tiene postre.

—¿Cuál es el que te gusta más?

—Los flanes. El flan° se hace con huevo, azúcar y leche, y no sé qué más porque nunca cociné en mi vida. ¡Pero sí sé comerlos! Luego, por ejemplo tortas y pastafloras° . . . ¡ah, y el más típico es el dulce de leche°! Es leche

volviendo *becoming*

se las arregla *finds a way*

las hacen (ferias) *they have them*
tiendas *tents*
cajones *boxes*

en plena calle *right out in the street*
no lleva mucho *it doesn't take long*

ganado vacuno *cattle*
churrasco *broiled steak*
milanesas *breaded steak*
rallado *grated*
asado *roast*
chorizos *sausages*
redivertido *really fun*
parrillada *grilled meal, barbeque*
hueco *hole*
carbones *coals*
deban vueltas *turned*
gril *parrilla*
a lo gaucho *gaucho-style*

flan *sweet custard*
pastafloras *sponge cakes*
dulce de leche *"milkjam"* (Eng.)

con azúcar y simplemente se revuelve en° el fuego, y queda más con-sistente° y toma un tono marrón y es muy dulce, y a todo el mundo en mí país le encanta el dulce de leche así, no pueden vivir sin él (*ríe*), por lo menos yo sin dulce de leche no puedo vivir, ¡ah! (*Ríe.*)

se revuelve en *stir over*
queda más . . . *gets thicker*

Con Pablo, cubano
(*Vive ahora en Puerto Rico.*)

—¿Cómo es la comida en tu familia?
—La comida en mi familia es más o menos típicamente cubana, se come el arroz y muchas habichuelas° negras, por supuesto.
—¿Qué más?
—El desayuno es más o menos normal. Un par de huevos fritos, unas tostadas, un vaso de leche, jugo de china°. En el almuerzo es un par de emparedados°, una comida liviana°. Entonces por la noche es una . . . es la comida fuerte°. Y allí nosotros comemos las habichuelas negras con tostones, que son de plátano frito. Y arroz, batata°, o ñame°. A veces carne.

habichuelas *beans*
(frijoles)
jugo de china *orange juice*
emparedados *sandwiches*
liviana *light*
fuerte *big*
batata *sweet potato*
ñame *yam*

PARA RESPONDER

1. ¿Qué concepto tienen muchos extranjeros de la "comida española"? ¿Es de verdad española? ¿Qué es?
2. ¿Cuáles son las comidas diarias que se toman en la familia de Mercedes? ¿A qué horas?
3. ¿Qué se come en cada una de ellas?
4. ¿Dónde se hacen las compras de comestibles en la familia de Mercedes?
5. ¿Qué es lo que más se come en El Uruguay y La Argentina? ¿Por qué?
6. ¿Qué dulces le gustan a Mercedes?
7. ¿Qué es lo que se come con más frecuencia en casa de Pablo? ¿Qué más platos se sirven?

PRÁCTICA

Busque Ud. la pareja correspondiente a cada palabra.

_____ asado   A. custard
_____ parrillada   B. sandwich
_____ milanesa   C. broiled steak
_____ flan   D. grilled barbeque
_____ emparedado   E. sponge cake
_____ pastaflora   F. sweet roll
_____ tostones   G. breaded steak
_____ bizcocho   H. roast beef
_____ batata   I. sweet potato
_____ churrasco   J. fried banana

PARA COMENTAR

1. En la familia de usted, ¿cuál es el horario de comidas?
2. ¿Qué acostumbra Ud. a tomar de desayuno? ¿Para el almuerzo? ¿Para cenar?

3. ¿Quién hace las compras de la comida en su familia?
4. ¿Existe algo en su comunidad que sea semejante a la feria?
5. ¿Cuál es su postre favorito? ¿Cómo se prepara?

Con Gerardo, de México

—¿Cuáles son los platos que se comen diariamente en tu familia?
—Desayuno casi siempre es huevos, porque es lo más rápido de hacer, y pan, leche, chorizo.
—¿Huevos revueltos°?
—Huevos revueltos, huevos estrellados°, huevos con carne, hueeeeeevos.
—"Blanquillos"°.
—¡Blanquillos por todas partes!
—¿Y para almuerzo?
—La comida, nosotros decimos la comida. Es desayuno, comida y cena.
—Sí sí. Y almuerzo, en México, es desayuno.
—Sí, en la mañana es almuerzo. La comida, en lo que consiste es carne y platos fuertes como sopa, pescado, arroz, frijoles, ensalada. . . .
—¿Es normalmente ésa la comida más fuerte del día?
—Es la comida más fuerte del día. O sea el desayuno es huevos y pan y cosas rápidas, y la . . . al mediodía es cuando ya la mamá se pone a preparar platos más fuertes.
—¿De beber?
—De beber casi siempre es jugo, o agua de horchata°, como quien dice.
—¿Qué es agua de horchata?
—El agua de horchata la tienen de arroz, el arroz blanco o algo así. Se vende enfrascado°, y se le pone leche.
—Es bastante blando, ¿no? Para mí, tiene sabor a yeso°.
—No, *pos*, sabe° bien.
—Entonces ¿qué se toma más tarde, durante la tarde?
—¿En la tarde? Nada. No, la cena es ya como a las nueve. Bueno, hay merienda a eso de las cinco, pero casi nadie . . . ya es casi para los niños la merienda.
—¿No tomas por ejemplo una Coca Cola, un sandwich, o algo por el estilo?
—No, casi nada. Solamente si ya uno trae mucha hambre, se puede tomar, comer cualquier cosa, para nada más calmar el hambre, como quien dice°.
—¿Y la cena?
—Se puede cenar fuerte°, o como ya va uno a dormir, a veces son huevos, pan, casi los mismos que el desayuno. Pero casi siempre es licuados°, huevos con plátano, cualquier cosa rápida. Depende.
—En tu familia, ¿hay muchacha de servicio?
—Em, bueno, teníamos, teníamos pero después ahora mi mamá se encarga de todo, de todo eso.

revueltos *scrambled*
estrellados *fried* (**fritos**)
"Blanquillos" *eggs* (fam.)

agua de horchata *drink made of crushed almonds, barley, melon seeds, or other substances, depending upon locality*
enfrascado *bottled*
yeso *plaster*
sabe *it tastes*

como quien dice *as they say*
cenar fuerte *have a big dinner*
licuados *blended fruit drinks*

—¿Por qué ha sido eso?
—Porque, pues primeramente porque salen° muy malas las muchachas que ayudan . . . roban, o no sirven para° el trabajo, y mi mamá siempre estaba enojada, prefiere trabajar sola.

salen *turn out (to be)*
no sirven para *aren't any good for*

Con Andrés, de Ecuador

—¿Podrías decirme algo de los platos que se toman más en tu familia?
—Ah, lo que Ud. va a encontrar en Ecuador son platos hechos de plátanos. La producción de plátanos es bastante° grande en Ecuador. Mi mamá tiene una enciclopedia que es libro de cocina°, son cinco libros y tienen como° diez mil recetas° con plátanos, pan de plátanos, caldo° de plátanos, todo, todo, todo.
—Lo que más sorprende, y hasta da asco°, en Norteamérica, es el concepto de comer plátanos fritos.
—¿Por qué? No hay nada más rico° para mí que estar sentado a la mesa comiendo, ¿qué puedo decir? arroz y carne, y mi plátano frito con queso. No hay nada que me guste más.
—¿No se come yuca°?
—Ah, yuca. Yuca bastante. A mí no me gusta. No tiene sabor para mí. Es una raíz, como la papa. Los indios acostumbran prepararla, haciendo un caldo. A mí no me gusta. Ah, y también tomamos bastante café. Un café ecuatoriano, colombiano o brasileño es el mejor café.

bastante *fairly*
libro de cocina *cookbook*
como *about*
recetas *recipes*
caldo *broth*

da asco *causes revulsion*

rico *delicious*

yuca *cassava, yucca, a pulpy root*

Con Jesús, chicano

—¿Qué acostumbran comer en tu casa?
—Bueno . . . este, cuando era niño, me acuerdo porque todavía lo odio°, pan con queso. También comemos las comidas que me hacía mi *amá* y todavía las como hasta hoy: fideos° con frijoles, arroz con frijoles y pollo, y tacos. Pero comidas mexicanas casi nunca. Cabrito° apenas hoy en día, esto nos ha pasado a ser desconocido. Pero mole° sí, ahorita mi señora casi por lo natural cada mes hace°. Tacos de pollo, tacos de picadillo°, tortillas . . . las tortillas han estado conmigo desde que nací, y pienso pues hasta que muera, porque el pan no me llena, no me agrada, tanto como la tortilla.

odio *hate*
fideos *noodles*
Cabrito *roast young goat (traditional in border Mexico)*
mole *poultry cooked in spicy sauce*
mi señora casi . . . *my wife fixes it about every month*
picadillo *ground meat*

Con Martín, de Colombia

—¿Cómo es la comida en tu casa?
—Nosotros tenemos la costumbre de . . . o sea, primero de todo, somos en mi país muy comilones° . . . de tomar tres comidas principales y dos intermedias. Desayunamos alrededor de las siete y media de la mañana, y . . .
—¿Toda la familia junta?

comilones *big eaters*

—Sí, siempre toda la familia reunida, y mi papá presidiendo a la mesa.
—¿Nada de bata° ni pantuflas°?
—¡No no no! Siempre hay que estar presentables. El ritual es sentarse a la mesa, la mesa completa, toda la familia, mi padre presidiendo.
—¿Qué se toma?
—Usualmente tomamos huevos, café con leche, tostados o arepas°, que llamamos, es un pan hecho de maíz, plano, algunas veces con queso. Y mantequilla, mermelada, y jugo. En otras ocasiones come uno carne por la mañana, los tostones que llamamos, que son plátanos fritos.
—¿Y después?
—Cuando estamos en la casa se toma un refresco, o más, lo que llamamos nosotros unas "medias nueves", alrededor de las nueve y media o diez de la mañana, posiblemente leche, o cereal, o alguna cosa ligera°. En el almuerzo, al mediodía, nosotros comemos mucha carne, con arroz y papa, bastante, con verduras. En la parte central del país no comemos mucho pescado, pero esto sí sucede° en la costa. El almuerzo es la comida más fuerte del día. Después por la tarde, unas "onces" que llamamos, que es alrededor de las cinco de la tarde, con su chocolate y almojábanas. Almojábanas son panecillos hechos de harina de maíz, y cuajada de

bata *robe*
pantuflas *slippers*

arepas *corn fritters*

ligera *light*

sucede *happens*

queso°. Entonces la comida, por ahí entre° las siete y media y ocho de la noche, consiste en carne y papas, arroz, y cosas, pero menos que el almuerzo normalmente.

—¿Son todas estas comidas servidas por la criada?
—Las tres comidas principales, por la criada, sí.
—¿Con tu papá a la cabeza de la mesa?
—En el almuerzo, ya no°. Hasta ahora se está estableciendo la jornada continua° en las oficinas, etcétera. Antes siempre iba mi papá a la casa para almorzar, tenía que manejar desde el centro y volver, siempre era media hora manejando.
—Para hacer la famosa siesta.
—Esta es la mal conocida hora de la siesta (*ríe*), que se está suprimiendo°, aunque se considera bastante civilizada.*

cuajada de queso *cottage cheese* (**requesón**)
por ahí entre *sometime between*

ya no *not any more, no longer*
jornada continua *continuous workday* (no long noonday break)

se está suprimiendo *is being eliminated*

PARA RESPONDER

1. En México y en otros países, en vez de decir "huevo" se dice frecuentemente otra cosa. ¿Cuál es?
2. ¿Qué comida se toma a eso de las cinco, según Gerardo? ¿En qué consiste?
3. ¿Por qué no hay criada ahora en la familia de Gerardo?
4. ¿Qué es lo que se come mucho en Ecuador, según Andrés?
5. ¿Qué es yuca?
6. ¿Cuál es el horario de comidas de Martín?
7. ¿Cuál es la comida más fuerte en la mayoría de las familias tratadas aquí?
8. ¿Qué platos se comen con frecuencia en la casa de Jesús?
9. A juzgar por sus platos y costumbres, ¿en que nivel social se encuentra cada una de estas familias? ¿Cómo se percibe?

Busque Ud. la pareja.

PRÁCTICA

_____ picadillo	**A.**	noodles
_____ mole	**B.**	almond drink
_____ huevos revueltos	**C.**	corn fritter
_____ fideos	**D.**	scrambled eggs
_____ horchata	**E.**	meat in hot sauce
_____ verduras	**F.**	cassava
_____ taco	**G.**	fried eggs
_____ huevos estrellados	**H.**	vegetables
_____ yuca	**I.**	ground meat
_____ arepa		

---

*The siesta is actually an adaptation to hotter climates; air conditioning has made it less necessary, while traffic has made it less pleasant.

¿Qué elemento sobra en la primera columna? Descríbalo con sus propias palabras.

PARA COMENTAR

1. En general se dice "desayuno, almuerzo, cena", o a veces "desayuno, almuerzo, comida", y en México es "almuerzo, comida, cena". ¿Existe semejante confusión en inglés? Explique.
2. La comida liviana de la tarde (la merienda, las "onces", en el Perú el "vermouth"), ¿tiene equivalente costumbre en el mundo anglo-parlante?
3. Cada región geográfica tiene sus platos tradicionales o típicos. ¿Cuáles son los suyos? ¿Qué ingredientes tienen? ¿Cómo se preparan?
4. ¿Qué platos descritos en este capítulo le gustaría probar?
5. ¿Cuáles le dan asco? ¿Por qué?

VOCABULARIO UTIL

típico	traditional
llamado	so-called
y demás	and the rest, so forth
probar (ue)	to taste, try out
ser propio de	to be characteristic of
(hablar) largamente	(to speak) extensively
lograr	to achieve, succeed in
arreglárselas para	to manage somehow to, find a way to
almacén (*m.*)	general store, department store
feria	outdoor market
enfrascar	to bottle
saber a, tener sabor a	to taste like
traer hambre	to be hungry, var. of tener hambre
odiar	to hate
comilón, comilona	big eater
verduras	vegetables
suprimir	to leave out, eliminate
darle asco	to be repulsive to one

PARTE SEGUNDA

En esta sección trataremos de algunos deportes, y de algunos individuos que o son atletas o que se interesan por algún deporte. En primer lugar está Manuel, a quien ya conocemos: expulsado del colegio por sus fechorías°, veremos ahora que su destreza° en la lucha°, junto con su amistad con un joven norteamericano del Cuerpo de Paz, logran alejarlo de su medio ambiente pandillero, y así llega a participar en juegos internacionales tales como las Olimpiadas. Luego habla Liliana de su participación, a nivel

fechorías *misdeeds*
destreza *skill*
lucha *wrestling*

nacional, en el voleibol° de Colombia. Sigue Blanca, que menciona un deporte que goza de increíble popularidad en el Caribe, la pelea de gallos; luego hablan Juan, de Chile, y Alejandro, mexicano, del fútbol, del ciclismo, y una breve palabra sobre la corrida de toros.

voleibol *(or* **balonvolea**)

Con Manuel, de Quito, Ecuador

(El lector recordará que cometió muchas travesuras, entre las cuales fue la de poner ácido sobre el sombrero de un profesor suyo, y por eso . . .)

—. . . Me botaron del colegio. Al tercer año me botaron del colegio. Y en ese entonces° había empezado a luchar. Una persona de la Federación° de la ciudad vino a ver quién quería entrar en la lucha, y yo fui uno de los del equipo del colegio. Entonces cuando me botaron, otro colegio me aceptó, y empecé en el cuarto año. Pero me aceptaron por el deporte, ¿no? y acabé el cuarto año. Y en ese cuarto año gané el campeonato° de la ciudad, entre colegiales°, y fui a Colombia, a Cali. Había un Campeonato Sudamericano allí. Yo fui el participante más joven y gané el Sudamericano. Y en ese entonces conocí a un amigo del Cuerpo de Paz, John,* que era entrenador, y él cambió mucho mi vida, porque era muy estricto, ¿no? Era una persona muy muy muy recta. Y me puso mucho el entrenamiento°, y entonces casi no tenía yo tiempo para estar con mis amigos ni para estar en la calle. Y al próximo año, en el 68, ya me había calificado para los Juegos Olímpicos. Pero él me hizo un "contrato", ¿no? me dijo que si quería ir, y yo dije que sí, y él me dijo que tendría que trabajar un poquito más, y yo le dije que sí. Y no había entendido en realidad qué había dicho cuando me dijo "un poquito más", el "poquito más" eran casi nueve horas diarias de entrenamiento. Me levantaba temprano a correr, y levantaba pesas°, y tenía entrenamiento de lucha a diario°. Pero cuando acababa la práctica en la noche, como a las ocho, tenía fuerza suficiente para ir a estar con mis amigos (*ríe*). Y me acuerdo que, como tres meses faltando° para las competencias, llegué . . . había ido a tomar con mis amigos el sábado . . . y el domingo fui a la práctica y salía el olor de trago, ¿no?, y bueno, me sacó la cabeza°. Y me acuerdo que me desmayé° haciendo ejercicio, y me botó agua°, y me llamó cosas malas, y en ese entonces no me gustaba la palabra que usó, era "maricón°", no en el sentido de un homosexual, sino en el sentido de gallina°. Me dijo que era un maricón, que no era un hombre, que no era macho, y me hirió mucho en el amor propio°, y le dije "vamos a ver" ¿no? "quién es más hombre". Y me fui. Entonces me escribió una carta y me la dejó en la casa, y la carta me decía que tenía que tomar una decisión, que debía dejar a los amigos, dejar de tomar, dejar a la enamorado°, y si no, que él no podría trabajar con un tipo° así. Entonces los tres días seguidos° yo salí con los amigos tomando, tomando, y pensando en qué iba a hacer, ¿no? Y con el orgullo pues con mis amigos, que me habían

en ese entonces *at that time*
Federación *(a municipal Federación de Deportistas)*
campeonato *championship*
colegiales *students*

entrenamiento *training*

levantaba pesas *lifted weights*
a diario *daily*

como tres . . . *about three months before*

me sacó . . . *he "took my head off"*
me desmayé *I passed out*
me botó agua *he threw water on me*
maricón *fairy*
gallina *chicken, coward*
me hirió . . . *hurt my feelings a lot*
enamorada *sweetheart*
tipo *guy*
los tres . . . *the following three days*

---

*John worked in slum areas with various youth groups.

visto en los periódicos, y todo eso, ¿no? me acuerdo que estaba en un bar donde estábamos tomando y pues hice la promesa. Y no tomé más, y fui a los Juegos Olímpicos.

Con Liliana, de Cali, Colombia

—¿No me dijiste que practicas algún deporte?

—Sí. Yo soy . . . jugué en la Liga de Voleibol, con Valle Caucana, durante cuatro años. Es una liga abierta, para toda estudiante que quiera jugar. Tú tienes que poner un poco de tiempo, entrenas todo el año, y si eres suficientemente buena para ir a los Nacionales, entonces puedes ir.

—¿Es campeonato nacional?

—Sí, los equipos son de ciertos departamentos°. Entonces una vez al año se hacen campeonatos nacionales adonde van todas las ligas de todos los departamentos, y se hace un torneo. Entonces el ganador puede ir a los Panamericanos o Sudamericanos.

departamentos *states or provinces*

—Es decir, los Juegos Panamericanos o Sudamericanos, ¿no?

—Sí. Pero los últimos seis años que yo entrenaba con esta liga, nosotros ganamos cuatro Nacionales, de los cuales nunca pudimos ir a ningún lado°.

a ningún lado *nowhere, anywhere*

—¿Por qué?

—Porque supuestamente la situación económica no permitió que fuéramos.

—¿Quién patrocina° eso, suponiendo que Uds. van a unos juegos internacionales?

patrocina *sponsors*

—Pongamos que° el equipo nuestro ganó el Campeonato Nacional. Entonces "Valle" va a representar a Colombia en los Juegos Centroamericanos que son casi siempre seis meses después. Desafortunadamente en Colombia los deportes no son muy . . . no le llaman mucho la atención a la sociedad. Muy poca gente patrocina los deportes.*

Pongamos que *let's suppose that*

—Entonces, económicamente cada cual° paga lo suyo, ¿verdad?

—Sí. Creo que los patrocinadores° dan suficiente plata para pagar los Nacionales, ¿no? dentro de Colombia. Pero si nosotros quisiéramos ir a jugar a algún lado en Centroamérica, entonces nos tocaría° pagar pasaje, todo, todos los gastos. Entonces es una situación que no se puede°. Porque la mayoría de las jugadoras son de gente socialmente muy baja, entonces pues es imposible.

cada cual *each one*
patrocinadores *sponsors*

nos tocaría *it would be up to us*
que no se puede *impossible*

—Es difícil, ¿no? siendo de familia trabajadora, dedicar las horas necesarias a la práctica de un deporte.

—Sí, yo creo que es difícil, no solamente para gente trabajadora, porque básicamente la educación en general está para que el estudiante no tenga tiempo para entrar dentro de esas actividades. Pero se puede, yo lo hice.

---

*Note that school-related sports are practically unknown except in Mexico. Leagues and teams are supported by municipalities or by private clubs.

Tienes que poner un poquito más disciplina en tu horario, el amor por el deporte tiene que estar allí. Porque se aprende mucho, no solamente en cuanto al deporte, sino cosas de la vida.

—¿Cuántas horas diarias pasabas entrenado?
—Dos horas y media, seis días a la semana.
—¿Tenías entrenadora?
—Entrenador. El jugó para la Liga del Valle, en el equipo de hombres, y era super buen jugador. Gracias a él, en este momento estoy jugando para la universidad, llevo un año con el equipo de la universidad.

PARA CONTESTAR

1. ¿Qué clase de vida llevaba Manuel? ¿Por qué fue expulsado del colegio?
2. ¿En qué deporte se destacaba él? ¿Cómo comenzó su participación?
3. ¿Qué persona le ayudó a mejorar en ese deporte?
4. ¿Qué costumbres tenía Manuel, que dificultaban (*hindered*) su desarrollo como atleta?
5. ¿Qué tenía que hacer en su entrenamiento?
6. ¿Qué acontecimiento creó una crisis entre él y su entrenador?
7. ¿Cómo se resolvió la crisis?
8. ¿Cómo está organizada la liga de voleibol en que participaba Liliana?
9. ¿Qué éxitos tuvo el equipo de ella?
10. ¿Por qué no participaron en torneos internacionales?
11. Según Liliana, ¿qué dificultades tiene que afrontar la persona que quiere practicar un deporte en serio?
12. ¿Cuánto tiempo lleva ella ahora con el equipo de su universidad?

PRÁCTICA

Complete Ud. las frases con los elementos de la lista.

levantar pesas	travesura	hacer ejercicio
equipos	liga	hacer un torneo
patrocinador	plata	

(Háganse los cambios gramaticales que sean necesarios.)

1. En un torneo participan varios _____ para ganar un campeonato.
2. El que quiere estar en buena forma debe _____, _____, o _____.
3. El que apoya económicamente un asunto o una organización es conocido por el nombre de _____.
4. Hacer una fechoría, una cosa mala que no llega a ser delito o crimen, es cometer una _____.
5. "Dinero" en la conversación sudamericana suele llamarse _____.

¿Qué elemento sobra? _____. Esto es (defínase) _____

CUIDANDO EL CUERPO   125

1. Describa Ud. los cambios que se produjeron en Manuel, a consecuencia de su contacto con John y con el deporte.
2. En su opinión, ¿qué aspectos de su vida anterior (ver Cap. 1) prepararon a Manuel para ese deporte? ¿En qué deportes ocurre esto frecuentemente en los EE.UU.?
3. ¿A qué deportes puede dedicarse en serio una muchacha de acá? ¿Qué problemas tiene que afrontar y superar una muchacha atleta?

PARA COMENTAR

Con Blanca, cubana-americana

—Bueno, nosotros ahora en la casa tenemos un "gallo fino", un gallo de pelea, ¿no? y tenemos ahora pollitos en la casa. Teníamos hace un año un gallo muy fino y lo mandamos para Miami, lo vendimos, ¿no? Y ellos allá tienen peleas de gallos*. Básicamente es que los ponen a pelear y entonces uno de los gallos siempre muere. Yo creo que es un poco cruel. A mí no me gusta apostar en cosas así, una cosa que es vida o muerte, no. Aunque sean animales, pero tienen vida. Pero hay muchas apuestas en las peleas de gallos.

Con Juan, de Chile

—¿Qué deporte se practica más en su barrio o pueblo?
—Bueno, mi . . . en mi barrio es el fútbol el que predomina. El fútbol° es el que apasiona a las gentes. En mi pueblo, por ejemplo, los niños, todos quieren llegar a jugar por el equipo, ¿no? y eso es su sueño. Y tal vez jugar en el seleccionado° de la región. Y en cada barrio se juega entre amigos, qué sé yo°, varios amigos se juntan y decimos "vamos a jugar el próximo sábado", conseguimos a otros jugadores, y así se organizan los partidos.
—¿Se forman campeonatos a nivel de barrio?
—No, es menos formal, ¿no? Solamente se conciertan partidos° así con otros barrios que tienen también equipos así, de amigos. Pero en el pueblo, ahí sí que hay competencias, están organizadas, entonces así la gente aspira a llegar a integrar° los equipos de primera y segunda.
—¿Los jugadores apuestan?
—¿Apuestan dinero? No, en absoluto°. Sólo que el que quiere jugar paga dinero para lavar las camisetas° una vez que se usan, y eso es todo.

fútbol   (or **balonpié**)

seleccionado   *representative or all-star team*
qué sé yo   *I don't know (phatic)*

se conciertan partidos   *they organize games*

integrar   *join*

en absoluto   *not at all*
camisetas   *jerseys*

Con Alejandro, estudiante mexicano

—Dime, por favor, ¿qué deportes son más populares en tu escuela?
—Bueno, pues los deportes más populares en mi escuela, pues eran primeramente el fútbol, después el básquetbol°, y ya en tercer término° el voleibol, al igual que el béisbol. El fútbol es el más común porque . . . la

básquetbol   (or **baloncesto**)
y ya en . . .   *in third place*

---
*Cockfighting is illegal throughout the U.S.

Estos muchachos argentinos toman muy en serio el fútbol.

mayoría de las personas lo practican, y pues, es el que tiene más popularidad entre deportes profesionales que se practican, y es el que, pues, al menos yo siempre lo he practicado, desde niño°.

—¿Hay equipos del colegio, de la escuela?

—Cuando yo estuve en la escuela, teníamos un equipo que participaba en la ciudad, en un torneo de la ciudad. Pero ahora que estoy en la universidad, la universidad tiene su propio torneo, y hay diferentes categorías, y allí participamos dentro de la misma universidad. Además, la universidad tiene un equipo que es representativo, o sea, lo mejor de la universidad, y juega contra otras universidades, o contra equipos locales de la ciudad o del estado.

—Los varios equipos dentro de la universidad, ¿se forman entre facultades, o qué?

—Se pueden formar de cualquier manera. Generalmente son asociaciones de estudiantes: por ejemplo, yo soy de la ciudad de Tampico, y tenemos una Asociación de Estudiantes Tampiqueños, y tenemos reuniones, y formamos un equipo . . . bueno, actualmente hay tres equipos de esa misma ciudad porque somos muchos aquí. Y los hay de° Vera Cruz,

desde niño *since childhood*

Y los hay . . . *and there are those from*

de Chihuahua, cada quien tiene su asociación, y forman sus equipos. Ahora° si una persona tiene suficientes amigos para formar un equipo, él puede formar el equipo y ponerlo en el torneo.

—Me imagino que esto de ser de Vera Cruz, Tampico, y todo eso, crea a veces las rivalidades, ¿no?

—Sí (*ríe*), generalmente hay peleas cuando está° el juego, porque . . . pues sí . . . o sea, siempre uno quiere que su ciudad destaque más que otra.

—Y los que no asisten a la universidad, ¿cómo hacen para practicar los deportes, el fútbol y demás?

—Existen torneos para toda la ciudad, cada barrio generalmente su club o su equipo, y compiten. El campeón que sale del torneo juega contra otros de diferentes ciudades, y se va formando un equipo de cada estado, y al final se forma el equipo amateur del país, de México.

—¿Es así en todos los deportes?

—Estoy tomando como base el fútbol, pero es la misma estructura para los demás deportes, creo, el voleibol, el ciclismo . . .

—¿Hay mucho interés en el ciclismo en tu ciudad?

—Sí sí, hay bastante. Generalmente compiten en carreras largas que utilizan las carreteras, y en la Ciudad de México tienen un velódromo°.

—¿Cuál es tu opinión de los toros°?

—Pues, creo que para mi modo de ver los toros son de mucha tradición en México, pero ahora existe el fútbol, el béisbol, que tienen estadios llenos, y la corrida de toros es ya muchas veces un espectáculo para los turistas. Sin embargo los toros sigue siendo el deporte . . . como quien dice, del país. No asiste mucha gente, pero la gente que va allí, es porque le gusta. En cambio por ejemplo en el estadio de fútbol o béisbol pues la gente más que° ver el deporte va a ver una cosa tal vez social con los amigos de uno, pero los aficionados a° los toros son . . . de corazón°, como quien dice. Son una minoría, pero son grandes conocedores°. Asisten sin falta° a la corrida del domingo.

Ahora *now then*

está *is in progress*

velódromo *bicycle race track*
los toros *bullfighting*

más que *rather than*
aficionados a *fans of*
de corazón *wholehearted*
conocedores *experts, connoisseurs*

PARA RESPONDER

1. ¿Cómo es una pelea de gallos?
2. ¿Por qué son populares?
3. ¿Cómo se organizan los partidos de fútbol en el barrio de Juan?
4. ¿Qué cosa no hace nunca Juan, que siempre hacía Manuel (ver Cap. 1) en los partidos de fútbol?
5. Según Alejandro, ¿qué deportes se practican más en su escuela?
6. ¿Cómo se organizan los equipos de fútbol en la universidad de Alejandro?
7. ¿Por qué a veces se arman (*break out*) peleas?
8. ¿Cómo se practica el ciclismo en México, según Alejandro?
9. Según Alejandro, ¿es muy popular o no la corrida de toros?
10. ¿En qué se caracterizan, según él, los aficionados a los toros?

PRÁCTICA

Busque Ud. la pareja de cada elemento en las dos columnas.

_____ aficionado A. campeonato
_____ torneo B. estado
_____ armar C. conocedor
_____ botar D. arreglar
_____ concertar E. apostar
_____ departamento F. dinero
_____ plata G. tirar
  H. provocar

¿Qué elemento sobra? _____ Utilícelo en una frase original.

PARA COMENTAR

1. La pelea de gallos y la corrida de toros, ¿son deportes? Dé su opinión y explíquela.
2. ¿Cuáles son los deportes más populares en la institución educativa de Ud.? ¿Cómo se organizan los equipos? ¿Los torneos?
3. ¿Es el ciclismo un deporte organizado en su comunidad? ¿En qué países se practica a nivel nacional e internacional?

VOCABULARIO ÚTIL

practicar un deporte	to play, engage in a sport
levantar pesas	to lift weights
hacer ejercicio (gimnasia)	to do exercise
botar	to throw out, on, away
maricón	homosexual, coward
gallina	coward, chicken
liga	league
departamento	state, province
hacer un torneo	to have a tournament
ningún lado, ninguna parte	nowhere
patrocinar	to sponsor
patrocinador	sponsor
cada cual, cada quien	each person, everyone
plata	money
tocarle	to be up to one, one's turn, job, luck
entrenar	to train
entrenador(-a)	trainer, coach
entrenamiento	training
llevar (*time*) en	to have been (time) at, in
apostar, hacer apuestas	to bet
concertar	to arrange
en absoluto	not at all
aficionado(-a)	fan, enthusiast
conocedor	expert, connoisseur

PARA DISCUTIR

Ponga Ud. los siguientes elementos en su orden de preferencia, desde el más preferido (1) hasta el menos preferido (4). Luego explique ampliamente su razonamiento en cuanto a su gusto, su necesidad, o su situación personal. Si quiere inventarse una situación ficticia, está bien.

A. Me gustaría tomar de desayuno
   _____ café con leche, bizcochos o tostadas con mermelada.
   _____ huevos fritos y tostadas, y jugo de china.
   _____ arroz con fideos y café.
   _____ frijoles y tortillas de maíz, y café.

B. Me gustaría tomar de almuerzo
   _____ un emparedado de queso y un licuado de fruta.
   _____ arroz con yuca, y café.
   _____ frijoles y tortillas de maíz, y café.
   _____ vino, ensalada, sopa de verduras, churrasco, arroz, pan, frutas, flan, y café o coñac.

C. Preferería hacer las compras
   _____ mandando a la criada cada mañana a la panadería, la pollería, la carnicería, etcétera.
   _____ comiendo solamente lo que pude sembrar en mi casa o granja.
   _____ manejando al supermercado semanalmente en mi auto, comprando muchas cosas envasadas y enlatadas.
   _____ caminando frecuentemente al mercado o a la feria de calle, haciendo las compras mientras la criada, que me acompaña, lleva las compras en una gran bolsa.

D. Me gustaría probar por primera vez
   _____ cabrito.
   _____ mole.
   _____ tostones.
   _____ almojábanas.

E. Me gustaría ver
   _____ una pelea de gallos.
   _____ un partido de fútbol internacional.
   _____ una corrida de toros.
   _____ una carrera de ciclistas de 100 Km.

F. Me gustaría participar en un campeonato de
   _____ lucha.
   _____ balonvolea.
   _____ gimnástica.
   _____ levantamiento de pesas.

CAPÍTULO 9

Perspectivas religiosas

PARTE PRIMERA

Ya hemos visto sobrada° evidencia del hecho° de que la religión predominante de Latinoamérica es la fe católica. Hecho no tan evidente es el que se practica en dicha zona un catolicismo extremadamente variado y especial. Traído de España, sede° de un ardor religioso hondísimo y nacionalista a la vez, el catolicismo hispánico ha sido fraguado° a lo largo de° siglos repletos de° conflicto y lucha°: contra musulmanes° en la Reconquista°, contra protestantes durante la Contrarreforma°, y contra los indios en la singular conquista del Mundo Nuevo—"La Última Cruzada"—en la que fueron subyugados° y cristianizados los imperios azteca, incaica, amén de° otros pueblos indígenas que, una vez traídos a la fe, dejaron fuertes huellas° indígenas sobre la cara religiosa de cada región. Por añadidura°, el esclavo traído de África para trabajar en las zonas costeñas del trópico americano, ya cristianizado e integrado a la nueva sociedad, hizo importantes contribuciones a la forma y práctica de fe en esas áreas. Estos y otros factores han dado origen° a una religión que existe en extraordinariamente diversas formas y manifestaciones a lo largo del° continente américo hispano.

Además de su índole° multiforme, cabe anotar que la Iglesia Católica hispana ha actuado como una institución política y económica de gran importancia en la turbulenta historia de la América Latina, donde la "separación de iglesia y estado" de varias constituciones sigue siendo hasta hoy en día más ficción que realidad. No es raro, por consiguiente°, que individuos y hasta entidades políticas enteras profesen su fe, siendo empero° furibundos° anticlericales a la vez. Es más°: la misma Iglesia se ve dividida, tanto política como ideológicamente, ante las enormes y complejas fuerzas históricas de este siglo.

Pero aquí no nos interesa mayormente° el espinoso° tema de la Iglesia en su rol hemisférico, sino más bien actitudes y costumbres individuales al respecto, por lo cual° Santiago, Sally Marie, y Ariana, todos católicos a su estilo°, contarán qué es lo que les significa la fe en su vida diaria. Luego,

sobrada *quite enough*
hecho *fact*

sede *center, seat*
fraguado *forged*
a lo largo de *throughout*
repletos de *filled with*
lucha *struggle*
musulmanes *Moslems*
Reconquista *Spanish Reconquest, 8th–15th Century*
Contrarreforma *Counter Reformation, 16th–17th Century.*
subyugados *subjugated*
amén de *besides*
huellas *tracks, traces*
Por añadidura *in addition*
dado origen *given rise*
a lo largo del *throughout the, all along the*
índole *disposition, nature*

por consiguiente *therefore*
empero *nevertheless*
furibundos *furious*
Es más *moreover*

mayormente *especially*
espinoso *thorny, difficult*
por lo cual *thus*
a su estilo *in their own way*

platicaremos con un cura, Padre Guillermo, cuya vida e ideales tal vez sorprendan por sus actitudes muy poco tradicionales, y por su fuerte compromiso° social.

compromiso *committment*

Con Santiago, de Venezuela

—Háblame de las actitudes religiosas en tu familia, en especial° las de tus papás.

en especial *especially*

—Bueno, en mi casa la religiosa° es mamá. Papá no es religioso. Mamá es la persona que por ejemplo reza y va a misa y está pendiente de° todas estas cositas de la iglesia. A papá . . . no sé explicarte . . . no sé si es que no le gusta o es que no le queda tiempo para ello°. Porque papá sinceramente vive para su trabajo. Es un hombre que casi nunca tiene descanso. Pero mi papá y mi mamá fueron las personas que nos enseñaron algo que me ha quedado°, y es el hecho de rezar° por lo menos el Padrenuestro° antes de acostarnos. Si yo no rezo, te digo sinceramente que yo no puedo conciliar el sueño°. Es como un hábito en mí.

la religiosa *the religious one*
pendiente de *aware of, concerned with*
ello (neut.) *all that*

me ha quedado *stayed with me*
rezar *pray*
Padrenuestro *Lord's Prayer*
conciliar el sueño *get to sleep*

—¿Cuándo va a misa tu papá?

—Prácticamente casi nunca. Se va a misa por ejemplo cuando hay que bautizar a un hijo, cuando es padrino de cualquier niño, o puede ir a misa algún veinticuatro de diciembre. En ese sentido yo pienso como él, ¿no? O sea, yo voy a misa cuando yo quiero ir a misa, ¿no? Pero no tengo impuesta ninguna obligación de ir a misa.

Con Sally Marie, de México

—¿Cómo es la religión, como factor en la vida de tu familia?

—Es un punto bien fuerte.

—¿Todos son practicantes°?

practicantes *active practitioners*

—Sí, pero mi hermano es protestante, mi papá es católico, y somos como una ensalada de religión.

—¿Eso da lugar a° algún conflicto en la familia, ¿o no?

da lugar a *gives rise to, causes*

—No creo, porque hay respeto por la religión. O sea, mi papá nos dio la religión católica, ¿no? pero nosotros ya a una edad decidimos si nos quedamos en esa religión, ¿no? o si buscamos otra cosa que para nosotros es más real. Y siempre ha habido ese respeto.

—¿Y tu mamá es católica?

—Sí, es católica, era protestante.

—Pero tú sigues practicando la fe católica. . . .

—Sí. Hay puntos con las que no estoy de acuerdo, sin embargo.

—¿Con respecto a qué?

—Ah, . . . el aborto°.

aborto *abortion*

—¿Estás a favor del aborto?

—No es que esté a favor del aborto, yo pienso que es algo que se debe respetar, la decisión de la mujer. Es bien difícil decir, bueno, sí o no,

En Guatemala, una señora muy devota reza el rosario.

porque cada caso es especial. Pienso lo mismo sobre el control de la natalidad°. Además, México tiene . . . la población de México se aumenta cada vez más°, y el control es necesario, y no creo que sea cuestión . . . sí, es cuestión de° religión, pero tenemos muchos problemas en México, y la Iglesia no ayuda mucho.

—¿Y estos puntos con los que no estás de acuerdo no quitan que seas° buena católica, en tu opinión?

—No. Hay muchas cosas que no entiendo de la religión católica, y que tal vez no voy a entender nunca, pero de corazón°, sí soy católica, y sigo siendo católica. Pero hay el católico, que es el indígena°, o como la gente que apenas sabe leer o escribir, que cree todo, ¿no? palabra por palabra, sin pensar. Y están controlados, por eso.

—Hay mucha gente de ese tipo, ¿no? indudablemente la gran mayoría.

control de . . . *birth control*
cada vez más *more and more*
cuestión de *a matter of*
no quitan . . . *don't keep you from being*

de corazón *devoutly*
indígena *Indian*

—Sí, y son las gentes que tienen familias de doce o trece niños, aunque no tengan una casa en donde estar, o algo así, gente pobre.

—¿Has tenido contacto con esa gente?

—Sí, muy mucho° contacto. Hice mi práctica, enseñando, en escuelas rurales y en uno de los barrios más pobres de la Capital. Y allí lo que diga el Padre, ya es ley, nadie lo cuestiona°, nadie piensa más allá de° lo que él dice.

—Entonces el Padre tiene una enorme responsabilidad, tanto religiosa como política, ¿no es verdad?

—Yo creo que el Padre es como un poder político, porque él es el que mueve a la gente. Yo creo que todos los padres están conscientes del poder que tienen sobre la gente, y ese poder lo pueden usar para el bien o para el mal. Y muchos lo usan para ellos mismos, para su propio bienestar°. O sea, el catolicismo es muy diferente que el que se ejerce en Roma, ¿no? Es muy diferente.

muy mucho *(an informal redundancy)*
cuestiona *questions, challenges*
más allá de *beyond*

bienestar *good, well-being*

Con Ariana, chilena

—¿Hasta qué punto se considera Ud. como buena católica?

—Yo me atrevería a° decir, por lo menos en mi caso, si a mí me pregunta "bueno, qué religión profesa usted", bueno soy católica, pero católica que va a misa, no. Jamás voy a misa. Soy católica por tradición, no por convicción. Por tradición.

—¿Usted no es practicante?

—¡No!

—Entonces, ¿hasta qué punto es usted católica?, si se puede saber°.

—¿Hasta qué punto? Este . . . mientras no° interfiera con mi vida (*ríe*). Es una posición muy cómoda en todo caso°. Este . . . yo siempre he dicho, soy católica por tradición, digamos. Tengo una creencia en Dios, ¿no es cierto? Pero jamás la he cuestionado, mayormente. Creo que no soy cien por ciento una persona religiosa, pero tengo un pensamiento bastante amplio°, y no quiero que nada me restrinja°. Normalmente mi posición personal es que . . . ¿no es cierto? . . . muchas veces la religión restringe el pensamiento humano.

—Se supone entonces que la mayoría de sus amistades, gente joven, profesional, siguen más o menos la misma línea. ¿Es verdad?

—No necesariamente. Es una cosa en que yo he pensado, realmente, y lo he comentado con amigos: que me sorprende que hay mucha gente que yo conozco, parejas formalizadas° y con niños que se han acercado a° la Iglesia Católica . . . no necesariamente la Católica, se han acercado a algún grupo religioso. Lo que me hace pensar a mí que hay una crisis de valores en el mundo, que hace a la gente acercarse a este tipo de actividad más espiritual.

—Está en aumento° en todo el mundo, ¿no? entre musulmanes, judíos°, cristianos. . . .

me atrevería a *would dare*

si se . . . *if I may ask*
mientras no *as long as it doesn't*
en todo caso *in any case*

tengo un . . . *I'm fairly broad-minded*
restrinja *restrict* (**restringir**)

parejas formalizadas *married couples*
se han acercado *turned to, approached*

en aumento *on the rise*
judíos *Jews*

—Sí. Tal vez lo veo en Chile como una respuesta a todo este consumismo°, ¿no es cierto?

—¿Es una búsqueda°?

—Es una búsqueda. Y es todo este consumismo que hay en todas partes. Es a lo que uno está expuesto° todos los días en la televisión, la radio, en la calle, con los avisos económicos°: "compre esto", "compre lo otro", "vaya a esta parte", "haga esto", y todo en función del° dinero. Entonces, pienso que ha sido una respuesta contra esto, buscar algún tipo de valor espiritual.

—O sea que se ha probado° el camino materialista, y no ha conducido° a ninguna parte, ¿eh?

—Yo creo que no. Es toda una búsqueda constante del bienestar espiritual o personal . . . el bienestar personal no lo puede tener sin auto, sin televisión a color, la casa, la casa en la playa o la casa en el campo, esos forman todo un status°. El concepto del status en este momento es algo muy importante. Uno "es" algo en la medida que° "tiene" algo. Pero yo he visto a muchas parejas que se han acercado a algún grupo religioso, Católico, o tal° los Mormones, tal la Iglesia Luterana, Adventista, Evangélica, toda la gama de cultos°. Por supuesto, la principal es la Iglesia Católica, claro.

consumismo *consumerism, materialism*
búsqueda *search*

a la que . . . *what you're exposed to*
avisos económicos *ads, commercials*
en función del *in terms of*

probado *tried*
conducido *led*

status (pron. "estatus") *status, standing*
en la . . . *to the extent that*
tal *such as*
toda la gama . . . *the whole range of faiths*

PARA RESPONDER

1. ¿Qué acontecimientos históricos influyeron mucho en la formación del catolicismo hispánico?
2. ¿Por qué es tan variado de lugar a lugar el catolicismo latinoamericano?
3. ¿Por qué hay gente muy religiosa que se opone a la Iglesia?
4. ¿Quién es la persona devota en la familia de Santiago?
5. ¿Por qué el papá no va con frecuencia a misa? ¿Cuándo va?
6. ¿Qué costumbre le ha quedado a Santiago?
7. ¿Por qué dice Sally Marie que su familia es una "ensalada de religión"?
8. ¿En qué aspectos no está ella de acuerdo con la Iglesia?
9. ¿Qué situación da lugar a la necesidad del aborto y del control de la natalidad, según ella?
10. ¿En qué otros aspectos está ella inconforme con la posición de la Iglesia?
11. ¿Es practicante Sally Marie? ¿Lo es Ariana?
12. ¿Por qué dice Ariana que es católica de tradición, no de convicción?
13. ¿Qué tendencia percibe ella en sus amistades?
14. ¿Por qué hay un acercamiento a la religión, según Ariana?
15. ¿A qué cultos se han acercado las amistades de Ariana? ¿Cuál es el principal?

Escoja el elemento que no corresponda a la serie, y explique.

PRACTICA

1. por lo cual	por ejemplo	por consiguiente
2. mayormente	en especial	pendiente
3. en todo caso	por añadidura	es más
4. dar origen	dar la mano	dar lugar
5. cuestionar	preguntar	dudar
6. no quita que sea	no importa que sea	no prohibe que sea
7. dormirse	conciliar el sueño	tener sueño
8. indígena	índole	carácter

PARA COMENTAR

1. ¿Quiénes son los religiosos de su familia? ¿Quiénes son los no religiosos? ¿Da esto lugar a conflicto?
2. En su religión, ¿qué significa el ser practicante? O sea, ¿qué hay que hacer para serlo?
3. ¿Cuál es la posición de su iglesia acerca del aborto? ¿El control de la natalidad? Explique Ud. por qué está o no está Ud. de acuerdo con la posición de su iglesia.
4. En angloamérica, ¿qué poder político tienen las iglesias y miembros del clero (*clergy*)?
5. ¿A Ud. le parece que hay un acercamiento a la iglesia entre sus amistades?
6. ¿Cómo se manifiesta el consumismo o materialismo del que habla Ariana, en el medio ambiente de Ud.?

Con Padre Guillermo, de Costa Rica

(*Padre Guillermo al primer vistazo° parece ser todo menos un sacerdote. Es jóven, bigotudo°, y cuando concedió esta entrevista, vestía camisa a cuadros°, pantalón de dril° y pesadas botas de caminata°. Pero al ponerse a hablar, en voz baja y casi susurrante°, se echó de ver° un fuerte espíritu en cuanto a sus quehaceres° parroquiales°. Éstos distan mucho también de° ser comunes y corrientes, ya que se llevan a cabo en las lejanas montañas costarricences, sin iglesias, dentro de una comunidad religiosa algo experimental.*)

—Padre, antes de tratar con su trabajo actual, ¿podría contarme cómo vino a ser sacerdote?

—Mi familia por el lado de mi madre era muy católica . . . no por el lado de mi padre, que era gamonal° . . . pero en todo caso siempre hemos tenido esa costumbre, desde tiempos de la colonia, de que en la familia hubiera un sacerdote.* Es un honor, y ese honor me tocó a mí. Algunos de los muchachos de mi pueblo, amigos míos, decidieron ir al seminario, y yo sentía cierto deseo. . . . Eso me llevó a ir al seminario, y en el seminario

vistazo glance
bigotudo *mustached*
cuadros *checkered*
dril *cotton twill*
caminata *hiking*
susurrante *whispering*
se echó . . . *was apparent*
quehaceres *tasks*
parroquiales *parish*
distan . . . de *are far from*

gamonal *influencial local landowner*

---

*Traditional Hispanic law permits only the firstborn son to inherit the family wealth. Other sons enter professions, notably the military and the priesthood.

empecé a ver cuál era mi vocación°, y empecé a estudiar para el sacerdocio. Ahora tengo ocho años de ser sacerdote.

—¿Le gusta su vida de sacerdote?

—Por mis ideales, me gusta. Porque en el campo el sacerdote tiene mucho más relación, más oportunidad de trabajar con la gente.

—Padre, ya sé que Ud. trabaja con una especie de equipo sacerdotal. ¿Qué es ese equipo?

—Es una idea que nació en los años sesenta, pero nada más para una relación secundaria entre los sacerdotes. En los setenta y en los ochenta empezaron a nacer nuevas ideas, de que el sacerdote tiene que estar más en contacto, y varios sacerdotes nos fuimos a trabajar en las montañas, en el campo, y a vivir en nuestras Comunidades, que se llaman Comunidades Eclesiales de Base°, con la idea de trabajar por un mismo ideal, con una misma ilusión, el trabajo con los campesinos, para buscar nuevas soluciones.

—La Comunidad consiste tanto en sacerdotes como en laicos°, ¿no es verdad?

—Sí, la Comunidad está organizada en sacerdotes y laicos, en personas que quieren compartir°, vivir . . . y estos laicos van a tener una preparación°, ya sea en diferentes campos, de profesional, o cultural.

—Además de ser sacerdote, ¿tiene Ud. alguna especialización?

—Sí, soy sociólogo. La idea es que cada miembro tenga la oportunidad de especializarse, sea en la agronomía, en salud pública, en medicina, o en la forma más sencilla, y que todos sean educadores dentro de la misma Comunidad.

—¿Cuántos parroquianos° hay en su parroquia?

—¡Ud. se va a asustar!° Se llama San Gabriel y hay 13,000 personas en ella, gente muy católica, y no tenemos ni una iglesia católica. Hay trece pueblitos pequeños adonde el sacerdote tiene que ir a celebrar misa. Yo usaba la moto°, pero usamos más el "jeep" de doble tracción°. También usamos el caballo.

—Ud. me ha dicho que no trabajan Uds. en el templo sino más bien° en las comunidades, que no viste sotana°, sino ropa de trabajo. Hay otros aspectos que podría mencionar?

—Sí. Lo más llamativo° que podría mencionar de los sacerdotes, y también de las personas que están dispuestas° a compartir, es aprender. No ser un sacerdote que sabe las cosas, que es el dogmático. Nadie nace aprendido°. El educando° es educador, el educador es educando. Hay que estar todo el tiempo con la gente. Y a la vez, mucha educación, mucha lectura en todos los campos . . . no sólo en la Biblia, porque tenemos una base muy fuerte en la Biblia . . . tener una visión muy amplia de todos los campos para extender la Palabra de Dios de una manera que la gente comprenda.

—Las misas que se celebran, ¿también son diferentes?

—La Iglesia Católica es muy universal, tiene sus leyes litúrgicas, y todas las misas tienen su base semejante. Pero en diferentes comunidades, la

vocación *calling*

Comunidades . . . *Grassroots Religious Communities*

laicos *layworkers (volunteers)*

compartir *share*
van a . . . *usually have training*

parro-
quianos *parishioners (church members)*
¡Ud. se . . . *You'll be surprised!*
moto *motocicleta*
de doble tracción *four-wheel drive*
más bien *rather*
sotana *habit*
llamativo *noticeable*
dispuestas *willing*
aprendido *trained, learned*
educando *learnee*

Iglesia hoy da oportunidad para utilizar más las costumbres del pueblo. Por ejemplo nosotros usamos la marimba en la misa, y guitarras. Y es en español, no en latín. Y usamos cualquier edificio grande que haya.

—¿Contra qué problemas lucha Ud., Padre?

—Nosotros creemos que el problema más serio que encontramos siempre va a ser la educación. Lo más importante es la educación bíblica, pero . . . para decirlo en nuestras palabras, "una Palabra de Dios que libere al hombre, que no oprima° al hombre".* Buscamos una nueva vista dentro de la Iglesia, un cambio. Pongamos un caso: hay tantas cosas tan apegadas° al pueblo, tenemos por ejemplo que trabajar mucho con la religiosidad popular°, es para nosotros una gran preocupación, pero no hay que quitarle nada al pueblo sino educarlo, que muchas veces no es fácil. Después están los problemas económicos. Ellos tienen que llegar a saber que la solución está dentro de las comunidades. Pero la Iglesia les ha dado siempre las cosas de caridad°, su "bollito° de pan", y nosotros seguimos el llamado° de los chinos del pescado, si se lo da a una persona, se lo come° y volverá a tener hambre°. Tenemos que enseñarle a pescar.

—El campesino tiene problemas que son resultado de su aislamiento°, ¿no?

—Sí. Ha sido siempre como una persona, que su cultura no vale°, que su hablar es un hablar de que otros se ríen porque habla al estilo campesino. Esto culturalmente ha perjudicado° mucho. Y hemos ido mostrando° que no tiene motivo° para avergonzarse. Nosotros también, los sacerdotes, hemos tenido que aprender a conversar como ellos, y no avergonzarnos, como ellos tampoco.

—¿Qué otros problemas existen, de tipo social?

—Bueno, en nuestra parroquia hay una gran finca cafetalera°, con un solo dueño, donde las personas trabajan. No a tiempo completo, sino por temporadas°. En las recogidas° de café, que son tres meses nada más, la gente tiene trabajo. Pero cuando no hay recogida de café, la comunidad no tiene dónde trabajar, no tiene otra fuente° de trabajo. Y la mujer gana la mitad de sueldo que gana el hombre, trabajando igual y el mismo tiempo. Es machismo, un machismo que destruye. Y las mujeres buscan, no una liberación ficticia o superficial, sino en lo que ellas necesitan, para valerse de sí mismas°. Lo otro es que tienen problemas de salud, tienen problemas de alimentación. El trabajador gana verdaderamente muy poco para mantenerse. En realidad, somos pequeños porque no tenemos buena alimentación cuando estamos pequeños. Pero el campesino, teniendo vacas, nunca come carne. Tiene que venderla para su propio sustento. Come arroz y frijoles. En parte es falta de educación. Si Ud. le pregunta, "bueno, ¿por qué Ud. no come carne?" él responde, "si yo tengo un huevo, que me alimenta más que otra cosa, pero si también tengo cinco hijos, vendo el

---

*This quote expresses the controversial Theology of Liberation practiced by certain groups in Latin America.

oprima *oppress*

apegadas *attached*
religiosidad popular *superstition, folk beliefs*

caridad *charity*
bollito *little loaf*
llamado *saying*
se lo come *eats it up*
volverá a . . . *will be hungry again*
aislamiento *isolation*
no vale *is no good*

perjudicado *harmed*
hemos ido . . . *we've been showing*
motivo *reason*

finca cafetalera *coffee plantation*
por temporadas *seasonally*
recogidas *harvests*
fuente *source*

valerse de . . . *to manage on their own*

huevo, y compro con eso una libra° de macarrones°, que me alimenta a los cinco hijos". Es su filosofía. Además, tenemos que enseñarle a tener una buena higiene. ¡A mí no me gusta bañarme!, y al campesino tampoco. Y allí hay que educarlo por qué es importante.

—Me imagino que, siendo la Comunidad Eclesial de Base un concepto relativamente nuevo, Uds. han encontrado roces° dentro de la misma Iglesia, ¿no es así?

—Las Comunidades Eclesiales de Base al principio, al final de los sesenta, eran como Comunidades de Base, pero tenían el peligro de ser aprovechadas . . . por diferentes influencias políticas, ya sea, por influencias comunistas, o derechistas, o extremistas, o . . . políticas de diferente índole°. Y queríamos, en realidad, quitarle a la Iglesia toda la fachada, todo lo "politiquero°" como decimos. No lo político, porque creemos que todos tienen una opción política, pero quitarle toda esa tendencia de ser instigados por diferentes grupos. Después, encontramos que siempre van a encontrarse en toda la Iglesia, tanto religiosos como laicos°, personas que tienen su prestigio, y esto perjudica mucho para un cambio, porque estamos quitando el poder que antes tenían.

—¿Han contado Uds. con el apoyo de los obispos°?

—Ciertos obispos van a apoyar a las Comunidades porque han sido aprobadas° por la Iglesia en forma universal, por el Santo Padre Paulo VI, en su comunicado "La Evangelización del Mundo de Hoy", en el 74. Pero los obispos de América Latina, especialmente en los últimos tiempos, tienen grandes dudas, grandes preocupaciones; primero porque no nos conocen, segundo por las experiencias anteriores de aprovechamientos° políticos, y por último, todavía no queda clara para los obispos la "teología de la liberación" . . . sabemos que tanto la teología tradicional como la "teología de la liberación" tiene sus extremos, pero no han logrado especificar para los obispos un verdadero encuentro°. Esto hace que cada día ellos se sientan más preocupados. Y esto hace que muchas veces las Comunidades tengan el apoyo, y no tengan el apoyo.

—¿Podría decirse en cierto modo que su movimiento es una reacción ante el poder de la Iglesia que ha mantenido en la sociedad muchas injusticias, y que su movimiento, si bien no político, es sin embargo una reacción espiritual por su parte°?

—Podría decir "sí" en una forma rápida, pero creo que el avanzar de la humanidad, y de la Iglesia, ha sido de una forma dialéctica°. La Iglesia es humana y divina. Lo humano tiene que irse corrigiendo°. Seguimos el llamado del Papa Juan XXII cuando él dice que hay que abrir las ventanas para sacudir° el polvo, y a Paulo VI que decía "ahora abro las puertas", y nosotros, en las Comunidades, tenemos que abrir toda la casa para purificarnos.

—Entonces, ¿se siente Ud. personalmente optimista, en cuanto a lo que se logra en su trabajo?

libra *pound*
macarrones *macaroni (pasta)*

roces *friction*

índole *types*
politiquero *petty politics*

tanto religiosos . . . *lay as well as clergy*

obispos *bishops, upper hierarchy*
aprobadas *approved*

aprovechamientos *exploitation*

encuentro *middle ground*

por su parte *on your part, by you*
dialéctica *dialectic (struggle between opposing forces)*
Lo humano . . . *The human part must continually be corrected.*
sacudir *shake out, dust out*

—Al principio, nos costaba° comprender que las cosas son por tiempos, por décadas, muchas veces más que décadas. La acción de la Iglesia es histórica, y no es personal. No es "mi" trabajo, es de la Comunidad. Dentro de eso vamos a tener saltos y bajonazos°, y dentro de la evolución muchas veces un bajonazo puede ser un salto bastante grande. En este sentido, históricamente, yo me siento optimista. Hoy más que nunca tenemos que trabajar para un futuro que se hace hoy, construyendo.

nos costaba   *it was hard for us*

bajonazos   *slumps*

PARA RESPONDER

1. ¿Por qué el aspecto (*appearance*) de Padre Guillermo dista mucho del de costumbre? ¿Cuál es el de costumbre?
2. ¿Cómo se puede deducir que él no fue el hijo mayor, o "primogénito" de su familia?
3. ¿Qué personas viven y trabajan en las Comunidades Eclesiales de Base?
4. ¿Cómo es la parroquia que le tocó a Padre Guillermo?
5. ¿En qué respectos tratan de ser humildes, y no dogmáticos, los miembros de las Comunidades?
6. ¿Qué problemas económicos se encuentran entre los campesinos? ¿Qué problemas sociales?
7. ¿Por qué las mujeres tienen dificultades en particular?
8. ¿Por qué tuvieron dificultades al principio las Comunidades Eclesiales de Base?
9. ¿Qué dificultades tienen ahora?
10. ¿En qué basa Padre Guillermo su sentimiento de optimismo?

PRÁCTICA

Complete Ud. las siguientes frases, incorporando (con cualquier cambio gramátical) el elemento en paréntesis.

1. En cuanto a las profesiones, la vocación no nace en la necesidad de ganarse la vida, sino en _____ (motivo)
2. Varias personas, sacerdotes y laicos, formaron las Comunidades Eclesiales de Base porque _____ (distar de)
3. Los miembros de las Comunidades comparten _____ (vocación)
4. "El educando es educador" significa que _____ (estar dispuesto a)
5. El cuento chino del pescado quiere decir que _____ (perjudicar)
6. Los campesinos se avergüenzan de su manera de hablar _____ (echarse de ver)

7. Falta buena alimentación entre los campesinos porque _____
   _____ (costarle a uno)
8. Si yo tuviera un solo huevo para alimentar a cinco hijos, yo _____
   _____ (compartir)
9. Padre Guillermo habló de la "religiosidad popular" y así evitó la palabra "superstición" porque _____
   _____ (aislamiento)
10. El sacerdote se siente optimista, considerando que _____
    _____ (fuente)

Responda Ud. "sí" o "no" según sus propios ideales:

PARA COMENTAR

SI   NO

____ ____ "La Iglesia es de Dios, y no debe intervenir en asuntos sociales o políticos".

____ ____ "La Iglesia y el gobierno deben mantenerse siempre separados".

____ ____ "La Iglesia debe tener preocupaciones de índole social, pero no política".

____ ____ "Lo político y lo social son inseparables, y son el asunto legítimo de la Iglesia".

____ ____ "Si hay injusticia, la Iglesia se ve obligada a luchar, pero dentro de la ley".

____ ____ "Si la ley y el gobierno son injustos, la Iglesia tiene que luchar contra ellos, aunque quede así fuera de la ley".

1. Justifique Ud. sus respuestas ante un pequeño grupo de la clase.
2. El grupo tratará de ponerse de acuerdo en cuanto a las respuestas, y presentará o (A) sus conclusiones, o (B) las razones por las que no pudieron llegar a un acuerdo.

VOCABULARIO ÚTIL

a lo largo de	*throughout*
dar origen a, dar lugar a	*to originate, give rise to*
por consiguiente	*therefore*
es más	*moreover, that's not all*
en especial	*especially*
conciliar el sueño	*to get to sleep*
cada vez más	*more and more*
aborto	*abortion*
control (*m.*) **de la natalidad**	*birth control*
ser cuestión de	*to be a matter of*
cuestionar	*to question, challenge*
atreverse a	*to dare to*

si se puede saber	if one may ask
culto	faith, denomination
echarse de ver	to be apparent, obvious
distar de	to be far (or different) from
vocación	vocation, calling
compartir	to share
asustarse	to be frightened, startled
estar dispuesto a	to be willing to
oprimir	to oppress
perjudicar	to harm
motivo	reason, motive
trabajar a tiempo completo	to work full time
trabajar por temporadas	to work seasonally
fuente (f.)	source
alimentar	to feed
alimentación	nutrition
índole (f.)	type, sort, nature
costarle a uno	to be hard for one

PARTE SEGUNDA

Aquí trataremos como tema, del "ocaso°" de la vida, la vejez y la muerte. Siendo tradicionalmente objetos de gran respeto, casi veneración, la gente vieja, en tiempos pasados bastaba con° tener unos cincuenta años para que otros le trataran con suma° cortesía, con el título "don" o "doña", y para entrar en una especie de nobleza conferida por el transcurso° del tiempo. Esto ha cambiado en cierto modo; por ejemplo, con el auge° de la clase media surge también el concepto de la jubilación°—y por consiguiente el concepto de ser inútil, descartado°. También ha cambiado un poco (mucho, en las clases medias urbanas) el aspecto ceremonial tocante a° la muerte. Antiguamente la mujer vestía de negro durante cinco o más años después de la muerte de algún miembro de la familia, fuera éste padre, sobrino, primo, o tío. Por lo cual la mujer prácticamente siempre vestía de negro. Pero el centro urbano, con sus modas° y lo que llama Ariana "consumismo", no permite un solo vestuario°, negro y sombrío. De ahí° el cambio, lento pero inevitable, de otro "modo de ser".

Hablarán Margarita, Antonia, Gerardo y Ana sobre sus experiencias al respecto. El lector percibirá prácticas y creencias que rayan en° la superstición, pero recordemos que cada pueblo ha heredado° mitos y costumbres que forman parte íntegra de su vida religiosa, aunque posiblemente no se conformen con° el dogma de su Iglesia.

ocaso *twilight*

bastaba con *it was enough*
suma *great*
transcurso *passage*
auge *rise*
jubilación *retirement*
descartado *discarded*
tocante a *with reference to*

modas *styles*
vestuario *"wardrobe"*
De ahí *hence*

rayan en *border on*
heredado *inherited*
se conformen con *be in accordance with*

Con Margarita, de la Argentina

—Hablemos de la gente de edad° en tu comunidad: ¿qué estilo de vida llevan?

—En mi área posiblemente se dediquen a tareas domésticas, las mujeres se dedican al tejido°, al bordado°, a remendar°, a hacer dulces, a eso se dedican. Depende de la clase social a la que se pertenezca, yo me estoy refiriendo a la clase media baja, y un poco arraigada° en lo español. Las abuelas de clases más altas, posiblemente de descendencia alemana o francesa, son más europeizadas, y han de estar más o menos a tono con° la televisión y no son tan domésticas. Ah . . . una tarea muy "abuelera" es traer a los chicos a la escuela, sea el jardín de infantes o la escuela primaria. Y con respecto al abuelo, también depende de donde ubica° Ud. al abuelo. Si es un abuelo de clase media, posiblemente se dedique al cuidado del jardín.

—Claro, estás hablando de la gente urbana. Has vivido también en el campo, entonces, ¿qué pasa en el caso del anciano° que es campesino?

—El hombre campesino no tiene mucha noción del tiempo, y el concepto de jubilarse, de abandonar su tarea, le es ajeno°. Así que sigue muy avanzado de edad° con las tareas campesinas, tales como sembrar maíz, cosechar las papas, cuidar los animales, encargarse de la hacienda°. Se jubila cuando se muere.

de edad	*elderly*
tejido	*knitting*
bordado	*embroidery*
remendar	*mending*
arraigada	*rooted*
a tono con	*in tune with, up with*
ubica	*classify, place*
anciano	*elderly person*
le es ajeno	*is foreign to him*
avanzado de edad	*late in life*
hacienda	*farm*

Con Antonia, ama de casa colombiana

—¿Ha ocurrido recientemente en su familia una difunción°?

—Sí, hace aproximadamente dos años murió mi abuela, mi abuela por parte de mi madre°.

—Aunque posiblemente le dé pena recordarla, ¿podría describir qué pasó en esa ocasión?

—Bueno . . . el día en que mi abuelita murió, había regresado yo del colegio, estaba haciendo segundo° de bachillerato, y llegué con unas compañeras de estudio para hacer un trabajo, ¿no? y . . . tenemos en Colombia . . . se acostumbra que en las casas se tenga a una persona que ayude a los oficios° de la casa, una muchacha, es el servicio° . . . y yo tuve que salir en un momento, después de terminar los estudios, a acompañar a mis amigas que iban a coger el bus, ¿no? Entonces cuando regresé, encontré a mi abuelita tirada° en el suelo, tirada. Pues se había puesto a pelear° con la muchacha por escuchar la televisión, y le dio° un infarto° cardíaco y murió. Pues tuvimos que llamar al médico para que le diera el examen de difunción.

—¿Para levantar el acta° de difunción?

—Ya. Y . . . realmente fue un ataque cardíaco, no lo esperábamos°, ella se veía° tan sana°, realmente muy sana.

—¿Llamaron a un sacerdote?

difunción	*death*
por parte . . . mother's side	*on my*
estaba haciendo segundo	*I was a sophomore*
oficios	*tasks*
servicio	*maid*
tirada	*stretched out*
pelear	*fight, quarrel*
le dio	*she had, got*
infarto	*attack*
acta	*certificate*
esperábamos	*expected*
se veía	*looked, appeared*
sana	*healthy*

PERSPECTIVAS RELIGIOSAS **143**

—Sí, a los sacerdotes del barrio. Uno vino y le dieron extrema unción°, la velaron°, y al otro día° se hizo el entierro°.
—¿Hicieron el velorio° en la casa?
—Sí. Mi madre no quiso alquilar una funeraria°, y prefirió hacerlo en casa.
—¿Cómo lo hicieron, en la casa?
—Pues se ocupó la sala. Se colocaron telas negras en la pared, y en la mitad° se puso el ataúd° con mi abuela, y cuatro cirios° . . .
—. . . En los cuatro rincones del ataúd.
—Sí, y se rezó toda la noche, con el sacerdote. La gente venía y se iba, venía y besaba a los de la familia, dándoles el pésame°, amigos todos, vecinos, compañeros de mis padres y de nosotros.
—Entonces su murió un día, se le hizo velorio por la noche, y al otro día la enterraron. ¿Hubo cortejo, procesión?
—Sí, de carro. Como va tanta gente, se alquila un carro, la funeraria da un carro fúnebre°, y uno consigue contratar° varios buses, hay coronas°, y se va al cementerio en una caravana de carros.
—¿No hay misa?
—Ah, bueno . . . primero de ir° al cementerio va uno a la iglesia, la iglesia del barrio, y hay misa. Luego, de allí se parte para el cementerio, en caravana.
—¿No se hace andando ya?
—No. Eso se hace en los pueblos. Entonces, hay entierro, y cada uno para su casa. Después de que la persona se muere se hace novenario°,

extrema unción *last rites*
velaron *stood vigil*
al otro día *next day*
entierro *burial*
velorio *vigil, wake*
funeraria *funeral home*

mitad *center*
ataúd *coffin*
cirios *candles*

el pésame *condolences*

carro fúnebre *hearse*
contratar *charter*
coronas *wreaths*

primero de ir *before going*

novenario *first nine days of mourning*

nueve días, todas las noches en la casa se reza por el alma de la persona muerta. Y cerca de dos meses después, uno manda para una misa, y eso es cada año después, ¿no? se celebra misa.

—Vistieron Uds. de luto° cuando se murió su abuelita?

—Sí. Mi madre vistió luto más o menos seis meses, pero el médico se lo mandó quitar porque le estaba afectando° a ella también, sufre del corazón.

—¿Durante cuánto tiempo está uno de luto, por lo común?

—Depende. Seis meses, un año. Ahora no se usa mucho. Sólo las personas más o menos conservadoras, ¿no?, las que tienen esas costumbres, por ejemplo la gente de pueblo.

—¿Cómo es la ropa de luto?

—Todo de negro. Vestido, falda, zapatos negros. O también blanco* y negro, o puede ser morado y negro.

—¿Y los hombres?

—Bueno, los hombres... vestido° negro u oscuro. También se ponen corbata negra o una cinta negra, por ejemplo, en la solapa° o en el brazo.

de luto *in mourning*

afectando *upsetting*

vestido (here) *suit*
(traje)
solapa *lapel*

B

PARA RESPONDER

1. ¿A qué clase social pertenece Margarita? ¿A qué se dedica la gente de edad de su grupo social?
2. Según Margarita, ¿cuál es la actitud de la gente campesina con respecto a la jubilación?
3. En la familia de Antonia, ¿quién se murió no hace mucho? ¿De qué se murió? ¿Qué lo ocasionó (*caused*)?
4. ¿Para qué vino un médico? ¿Un sacerdote?
5. ¿Dónde se puede hacer el velorio? ¿Qué prefirió la madre de Antonia?
6. ¿Qué se hace durante el velorio?
7. ¿Qué se hace al día siguiente?
8. ¿Cómo llegaron al cementerio, según Antonia? ¿Qué se hace en los pueblos?
9. ¿Qué es el novenario?
10. ¿Durante cuánto tiempo anda de luto la gente, según Antonia? ¿Qué personas no visten luto?

Busque Ud. el sinónimo.

PRÁCTICA

_____	fuerte	A.	difunto
_____	clasificar	B.	verse
_____	traje	C.	tirarse
_____	acostarse	D.	pésame
_____	parecer	E.	jardín
_____	condolencia	F.	ubicar
_____	muerto	G.	pelear
_____	patio	H.	vestido
		I.	sano

¿Cuál es el elemento que sobra? Dé un sinónimo.

---

*Mourning color for a child is white.

PERSPECTIVAS RELIGIOSAS 145

PARA COMENTAR

1. ¿A qué se dedica la gente jubilada o anciana en la comunidad de Ud.? ¿Hombres? ¿Mujeres?
2. En Angloamérica, ¿son diferentes las actividades de la gente de edad de las clases alta, media, y baja? Explique y dé ejemplos.
3. En su opinión, ¿por qué la gente campesina que menciona Margarita nunca se jubila, hasta que muere?
4. En los Estados Unidos normalmente no se puede hacer velorio en la casa del difunto. ¿Por qué?
5. En su comunidad, ¿qué ropa se acostumbra llevar en los funerales? ¿Se viste de luto?

Con Gerardo, de México

—¿Hay alguna persona ya entrada en años° en su familia?　　　　entrada en años *elderly*
—Sí, mi abuela.
—¿Cuántos años tiene?
—No sé, como setenta y cinco.
—¿Cómo es la vida, la rutina de ella?
—Se levanta como a las seis de la mañana, prepara la comida para mis tías, que son solteras, y después empieza a arreglar más o menos la casa, tiene una muchacha que le ayuda, ella no más dirige°, ¿no?, porque está un　　　**no mas . . .** *just supervises*
poco raquítica°.　　　**raquítica** *feeble*
—¿No vive con algún hijo a pariente?
—No, ella tiene su propia casa. Las tías y ella se lo pasan° allá. Y mis　　　**se lo pasan** *get along*
hermanos van a visitarla casi siempre. Entonces su rutina es hacer comidas y eso en la casa, y salir . . . de vez en cuando . . . al centro porque no es bueno para ella ya ahora, salir a comprar.
—¿Cuándo quedó viuda°?　　　**quedó viuda** *was she widowed*
—Pues cuando mi madre tenía quince años, o sea, hace unos treinta años.
—¿Qué trabaja hacía su abuelo?
—Mi abuelo no sé. Creo que era . . . nunca supe° . . . nunca me plati-　　　**supe** *found out*
caron° de él. Sé que murió borracho, le dio° pulmonía, y en Ciudad Victoria　　　**platicaron** *hablaron*
a veces hace mucho frío.　　　**le dio** *he caught*
—¿Ha ocurrido últimamente alguna muerte en su familia?
—Mi otro abuelo, se murió no sé de qué, pero . . . estaba viejo ya. Se cayó de una bicicleta y se rompió la pierna. Y le gustaba usar la bicicleta y tenía noventa y dos años y le atropellaron° porque ya no oía ni veía bien, e　　　**le atropellaron** *they ran over him*
iba a su trabajo. Y se levantó, y sanó°, después volvió a caer, y luego, como　　　**sanó** *got well, healed*
era muy trabajador, y estaba en la cama, como que° lo entristeció de-　　　**como que** *and so* (**así que**)
masiado, ¿no? no quería comer, y se murió nomás°.　　　**se murió nomás** *just died*
—¡Y pensar° que tenía noventa y dos años!　　　**Y pensar** *just think*
—Sí, era plomero°, desde muchacho.　　　**plomero** *fontanero*
—Y, ¿no se jubiló nunca?
—No (*ríe*), no se jubiló.
—¿Se acuerda Ud. del entierro, y eso?

—Es mi abuelita.

—Sí . . . bueno, yo no estaba allí, en Victoria. Llegamos nosotros cuando lo estaban enterrando. Lo que me llamó la atención fue que, en el cuarto donde estuvo él acostado, donde se murió, quitaron la cama y pusieron una cruz, de cal°.
—¿Por qué?
—Pues no sé, son cosas de mi tía.
—¿Se acostumbra usar esquelas en su familia? ¿Esquelas de difunción°?
—Sí, se publican en el periódico después de la muerte. Tienen bordado° negro y una cruz, y se dice que "murió a tales horas, rodeado por sus familiares°", y tal.

cal *lime, whitewash*

Esquelas de difunción *obituary notices*
bordado *edge*
familiares *family members*

Con Ana, de El Salvador

—¿Cómo fue cuando murió su tía Beatriz?
—No estoy segura de qué se murió. Según las pláticas° y todo eso, es porque ella se puso un tratamiento° para no tener más niños, y creo que tuvo una infección, y se murió de eso.

pláticas *conversaciones*
tratamiento *(Likely a folk medicine.)*

—¿A qué edad se murió?
—Como a los treinta años. Ella dejó a seis niños. Entonces cuando se murió, le hicieron la velación° y . . .

velación *vigil, wake*

—¿El velorio?
—Velorio o velación. Allí rezan° u oran° por el alma del difunto. Para que pueda alcanzar la vida eterna, o el perdón de Dios. Entonces le hicieron la velación durante un día y una noche.

rezan *pray*
oran *pray*

—¿Eso fue dónde?
—En casa. A veces, depende de las personas, si tienen comodidad°, es en la iglesia. Si no, la hacen en la casa. Ponen paño° negro, ponen cortinas° de negro, azul, o blanco. Ponen imágenes°, a veces de vírgenes, o algo así, de santos, en la mesa. Y usualmente ellos ponen un vaso de vidrio, lleno de agua, con una cruz arriba.

tienen comodidad *they are well-off*
paño *cloth, drapes*
cortinas *curtains*
imágenes *statues or pictures*

—O sea que esa mesa se convierte en altar, ¿no?
—Sí, es un altar. Pero, yo he oído que dicen que este vaso de agua con esta cruz es para el espíritu que puede llegar, y el espíritu se emboca en° ese vaso de agua. Pero yo no sé.

se emboca en *squeezes into*

—¿Donde pusieron el ataúd?
—Bueno, lo ponen aquí (*con la mano indica el centro de un cuarto o sala*), y aquí (*por los lados de la sala*) ponen sillas o bancas donde se sientan las personas allí. Se arriman a° la pared, por ejemplo.

Se arriman a *lean against*

—Y al rezo, ¿viene un sacerdote?
—No, a veces una señora que sabe rezar, o una amiga de la familia.
—En su pueblo ¿existe esa costumbre de pagarles a unas señoras que vienen a rezar?
—Sí.
—¿Cómo se llaman?
—Rezadoras. Usualmente son señoras de edad, y se les paga una propina.
—Y después de un día y una noche de velorio, es el entierro. ¿A la Tía Beatriz se la llevó directamente en cortejo al cementerio?
—No. La llevaron entre cuatro personas, hombres, y estas personas se cambian porque a veces, Ud. sabe que tienen que ir largo,° está bastante retirado adonde tiene . . . se cambia a veces cuatro o cinco veces. Fueron primero a la iglesia donde hubo misa, y después fueron al cementerio. A veces hacen un nicho°, que llaman nicho, o a veces solamente excavan la tierra. A mi tía le hicieron un nicho, que lo hacen de cemento, y está arriba de la tierra.

ir largo *go a long way*

nicho *niche, vault*

—¿Qué tipo de ceremonia le hicieron en el entierro?

—Eh... solamente rezar y eso, y ponerlo ahí (*empuja*° *con la mano, como si metiera un ataúd en su nicho*), y taparlo° con algo, con cemento. Y después sobre la tapa° ponen el nombre y el día que ha nacido y el día que ha fallecido°. A veces foto pero no usualmente.
—Se reza después del entierro también, ¿no?
—Sí. En casa ellos rezan durante nueve días después de haber sido el funeral°. Y cuando se cumplen cuarenta días de haber fallecido, nuevamente rezan nueve días consecutivos. Y es el° mismo cuando se cumple un año, nueve días de rezos.

empuja   *she pushes*
taparlo   *cover it*
tapa   *lid, cover*
fallecido   *passed away*

después de ...   *after the funeral is over*

el   *lo*

PARA RESPONDER

1. ¿Qué hace diariamente la abuela de Gerardo?
2. ¿De qué murió el primer abuelo de quien habla Gerardo?
3. ¿Cómo murió el otro abuelo de él?
4. ¿Qué pintaron en el cuarto donde murió el abuelo?
5. ¿Qué es una esquela? ¿Qué información contiene?
6. Según Ana, ¿cuánto tiempo dura el velorio?
7. Además de familiares y amistades, ¿qué personas asisten al velorio?
8. ¿Cómo llevaron a la tía Beatriz al cementerio?
9. Según Ana, ¿cuándo se rezan los novenarios después de haber muerto una persona?
10. ¿Qué costumbres de Gerardo y de Ana revelan que son de familias pueblerinas o provincianas?

PRÁCTICA

Complete Ud. las siguientes frases con una palabra del Vocabulario útil, según el número de letras indicadas, y con los cambios gramaticales debidos.

1. Al entrar en la sala o casa funeraria donde hay velorio, casi siempre se da un beso o un apretón de mano a los presentes, y se dice "Ud. tiene mi más sentido — — — — — —".
2. De la gente conservadora se dice a veces que no está a — — — — con los tiempos.
3. Sabiendo algo de las costumbres de una familia, podemos — — — — — social y geográficamente a esa familia.
4. A veces en el velorio la familia prefiere — — — — — el ataúd, o cubrir el cadáver.
5. Cuando se muere una persona, la familia puede anunciar la triste ocasión con — — — — — — — de difunción, que son tarjetas o anuncios en el periódico.
6. Vienen familiares y amistades al novenario para — — — — —, es decir, orar.
7. El — — — — — — — o persona de edad merece nuestra compasión, y nuestro respeto.
8. En vez de decir que "Fulano cogió (o agarró) la gripe (*flu*)", se dice con frecuencia que "a Fulano le — — —" esa enfermedad.

9. A veces un anciano se — — muy raquítico y sin embargo es muy fuerte.
10. Los periódicos y las esquelas frecuentemente evitan la palabra "morir", y ponen "desaparecer" o "— — — — — — —".

PARA COMENTAR

1. ¿En qué forma aparecen las esquelas de difunción en su comunidad? ¿Qué información contienen?
2. En los EE. UU. se acostumbra exhibir al difunto durante dos o tres días, embalsamado (*embalmed*). ¿Por qué es tan rápido el entierro en las comunidades latinoamericanas aquí presentadas?
3. ¿A Ud. le parece necesaria tanta ceremonia por la muerte de una persona? ¿Por qué? o ¿por qué no?
4. ¿Qué clase de funeral preferiría Ud. en el caso ¡Dios no quiera! (*God forbid*) de su muerte?
5. En su comunidad, ¿en qué ocasiones se adornan las lápidas sepulcrales (*tombstones*)? ¿De qué otras maneras se rinde respeto a los difuntos?

VOCABULARIO ÚTIL

de edad, entrado en años	*aged, elderly*
tejido (de punto)	*knitting*
bordado	*embroidery*
remendar (ie)	*to mend*
arraigar	*to set roots, settle*
a tono con	*in tune, line with*
ubicar	*to locate, classify*
anciano	*elderly person*
ajeno	*alien, not one's own*
jubilarse	*to retire*
acta de difunción	*death certificate*
esquela de difunción	*obituary notice*
darle	*to catch, get (illness)*
verse	*to look, appear*
cirio, vela	*candle*
enterrar	*to bury*
entierro	*burial*
velorio, velación	*vigil, wake*
ataúd (*m.*)	*coffin*
pésame (*m.*)	*condolence, sympathy*
contratar	*to rent, charter*
(de) luto	*(in) mourning*
atropellar	*to run over, knock down*
sanar	*to heal, recuperate*
tapar	*to cover, close up*
fallecer, desaparecer	*to pass away*

PARA DISCUTIR

OPCIÓN A. *Ud. es sobrino o sobrina de doña Juliana Álvarez de Cuéllar, que acaba de fallecer a los ochenta y siete años de edad. A Ud. le tocó el deber (duty) de dirigir una carta a su primo Hernando, contándole la triste noticia. Hernando vive lejos, así que habrá que contarle cómo pasó sus últimos años, y cómo fue el funeral. Utilice la siguiente esquema:*

Muy querido Hernando:
Me es muy penoso decirte que
falleció rodeada de su familia
gozaba de buena salud
se veía muy sana, no era raquítica
le dio
el velorio tuvo lugar en
la misa se celebró en
el cortejo consistió en (*of*)
fue enterrada a las   , el día
siempre se dedicaba a
Te manda besos y un fuerte abrazo, tu primo(-a)

OPCIÓN B. *Complete Ud. las siguientes frases, de acuerdo con su propio punto de vista. Luego, con su pequeño grupo, compare sus frases con las de los demás, haciendo preguntas sobre por qué cada uno piensa así. Entonces el grupo discutirá, escogerá, y presentará la mejor frase completa, y la justificación, de cada una de las siguientes:*

1. Cuando yo me jubile, voy a

2. La cortesía que les damos a los ancianos es

3. Yo pienso que los asilos para ancianos (*nursing homes*) son

4. Vivir con una persona anciana en la misma casa es

5. Cuando yo sea muy viejo(-a) y raquítico(-a), quiero que mi familia me

6. Cuando yo me muera, quiero que mis familiares me

7. Las casas funerarias y los funerales son

8. El refrán, "el Diablo sabe más por viejo que por Diablo" significa que

Suggested readings on spanish-american lifestyles

GENERAL

Cárdenas, Rodolfo Marcelo. *Los porteños: su tiempo, su vivir.* Buenos Aires: Editorial Sudamericana, 1973.

Foster, George M. *Tzintzuntzan: Mexican Peasants in a Changing World.* Boston: Brown, Little & Co., 1967.

Hanke, Lewis. *Contemporary Latin America: A Short History.* Princeton N.J.: D. Van Nostrand Co., 1968.

Heath, Dwight B., ed. *Contemporary Cultures and Societies of Latin America: A Reader in the Social Anthropology of Middle and South America,* 2nd ed. New York: Random House, 1974.

Lewald, H. Ernest. *Latinoamérica: sus culturas y sociedades.* New York: McGraw-Hill Book Company, 1973.

Lewis, Oscar. *Five Families: Mexican Case Studies in the Culture of Poverty.* New York: New American Library, 1959.

Liebman, Seymore B. *Exploring the Latin American Mind.* Chicago: Nelson-Hall, 1976.

Mapp, Edward, ed. *Puerto Rican Perspectives.* Metuchen, N.J.: The Scarecrow Press, Inc., 1974.

Miller, J. Dale, and Russell H. Bishop. *USA-Mexico Culture Capsules.* Rowley, Mass.: Newbury House Publishers, 1977.

_____, John Drayton, and Ted Lyon. *USA-Hispanic South America Culture Capsules.* Rowley, Mass.: Newbury House Publishers, 1979.

Nelson, Cynthia. *The Waiting Village: Social Change in Rural Mexico.* Boston: Little, Brown & Co., 1971.

Olien, Michael D. *Latin Americans: Contemporary Peoples and Their Cultural Traditions.* New York: Holt, Rinehart and Winston, Inc., 1973.

Peattie, Lisa Redford. *The View from the Barrio.* Ann Arbor: University of Michigan Press, 1968.

Reindorp, Reginald C. *Spanish American Customs, Culture and Personality.* Macon, Ga.: Wesleyan College, 1968.

Rivera, Julius. *Latin America: A Sociocultural Interpretation.* Enlarged Edition. New York: Irvington Publishers, 1978.

Suárez, Luis. *México: Imagen de la ciudad.* Mexico, D.F.: Fondo de Cultura Económica, 1974.

Wagley, Charles. *The Latin American Tradition: Essays on the Unity and the Diversity of Latin American Culture.* New York: Columbia University Press, 1968.

Willems, Emilio. *Latin American Culture.* New York: Harper & Row Publishers, 1975.

Wolf, Eric R., and Edward C. Hansen. *The Human Condition in Latin America.* New York: Oxford University Press, 1968.

SOCIAL STRATIFICATION

Heath and Adams, pp. 324–341.

Lewald, pp. 231–261.

Liebman, pp. 79–103.

Matos Mar, José., ed. *La oligarquía en el Perú.* Buenos Aires: Amorrortu Editores, 1972.

Reindorp, pp. 158–180.

FAMILY AND KINSHIP

Das, Man Singh, and Clinton J. Jesser, eds. *The Family in Latin America: In Honor of T. Lynn Smith.* New Delhi: Vikas Publishing House, 1980.

Foster, George M. "Cofradía and Compadrazgo in Spain and Latin America." *Southwestern Journal of Anthropology* 9, 1 (Spring 1953), 1–28.

———. "Godparents and Social Networks in Tzintzuntzan." *Southwestern Journal of Anthropology* 25, 3 (Autumn 1969), 261–278.

Gorden, Raymond L. *Living in Latin America: A Case Study in Cross-cultural Communication.* Skokie, Ill.: National Textbook Co., 1974.

Lewald, pp. 263–293.

Miebman, pp. 79–89.

Nutini, Hugo G., Pedro Carrasco, and James M. Taggart, eds. *Essays on Mexican Kinship.* Pittsburgh, Pa.: University of Pittsburgh Press, 1976.

Willems, pp. 51–63.

SEX ROLES

Giraldo, Octavio. "El machismo como fenómeno psicocultural." Bogotá: *Revista Latinoamericana de Psicología* 4, 3 (1972), 295–309.

Lewald, pp. 19–25.
Liebman, pp. 49–59.
Mirandé, Alfredo, and Evangelinn Enríquez. *La Chicana: The Mexican-American Woman.* Chicago: University of Chicago Press, 1979.
Pescatello, Ann, ed. *Female and Male in Latin America: Essays.* Pittsburgh, Pa.: University of Pittsburgh Press, 1973.
Reindorp, pp. 208–218.
Rivera, pp. 47–67.
Willems, pp. 59–61.

EDUCATION

Lewald, pp. 205–212.
Liebman, pp. 126–143.
Maier, Joseph, and Richard W. Weatherhead, eds. *The Latin American University.* Albuquerque: University of New Mexico Press, 1979.
Reindorp, pp. 230–258.
Rivera, pp. 68–96.

FOODS

Ortiz, Elizabeth Lambert. "Buen Provecho." *Américas,* Nov.-Dec. 1979, pp. 44–49.
Leonard, Jonathan Norton. *Recipes: Latin American Cooking.* New York: Time-Life Books, 1971.

FESTIVALS

Townsend, Elizabeth Jane. "Festivals of Ecuador." *Américas,* April 1978, pp. 9–15.

COURTESY

Townsend, Elvira M. *Latin American Courtesy,* rev. ed. Mexico, D.F.: Summer Institute of Linguistics, 1961.

RELIGION

Büntig, Aldo J. *El catolicismo popular en la Argentina.* Buenos Aires: Editorial Bonum, 1969.
Gudeman, Stephen. "Saints, Symbols, and Ceremonies." *American Ethnologist* 3, 4 (November 1976), 709–729.
Lernoux, Penny. *The Cry of the People.* New York: Penguin, 1982.
McGovern, A. I. "Liberation Theology in Actual Practice." *Commonweal* 110 (Jan. 28, 1983), pp. 46–49.
Madsen, William. "Christo-Paganism: A Study of Mexican Religious Syncretism." In *Los Manitos: A Study of Institutional Values,* ed. Monro S. Edmonson. New Orleans, La.: Tulane University Press, 1957, pp. 105–179.
Rivera, pp. 97–120.
Willems, pp. 64–81.
Smith, Brian H. *The Church and Politics in Chile: Challenges to Modern Catholicism.* Princeton, N.J.: Princeton University Press, 1982.
Wolf, Eric. "The Virgin of Guadalupe: A Mexican National Symbol." *Journal of American Folklore* 71, 279 (Jan.-Mar. 1958), 34–39.

FUNERAL SERVICES AND CEREMONIES

Grunloh, Ronald L. "To Die in Cuaxomulco." *Américas,* January 1978, pp. 2–6.
Lewis, Oscar. *A Death in the Sánchez Family.* New York: Random House, 1969.
Reindorp, pp. 218–220.

Vocabulary

A
abandonar to leave
abarcar to include, take in
abastos supplies, general merchandise
aborto abortion
abrazo hug
acabar to end, finish
acabarse to be over; **se acabó** that's that
absoluto absolute; **en absoluto** not at all
acerola haw, fruit of the hawthorn tree
acérrimo, a staunch, fervent
acólito acolyte, altar boy
acomodado, a well-to-do
acompañar to go with
acontecimiento event
acordarse (ue) de to remember
acostumbrar(se) to usually, be in the habi of
acta f but **el acta** certificate
acto act, ceremony
actual present
actualmente at the present time, presently
acudir to come, be present
acuerdo accord, agreement; **de acuerdo con** in accordance with; **de acuerdo** agreed
además moreover, furthermore
adiestramiento training
adinerado well-to-do
afectar to upset, make ill
afición pastime
aficionado, a fan
agachar to lower, bow
agarrar to grab
agasajar to honor
agradar to please
agregar to add
agricultor, a farmer
agronomia agricultural science
aguantar to bear, endure
aguardiente liquor, moonshine
ahí there; **de ahí** hence
ahijado, a godchild
aislamiento isolation
aislar to isolate
ajeno, a alien, foreign
ají chili pepper; **ají dulce** sweet pepper
alarde m open display, boasting
alargar lengthen
alcalde m mayor
alcanzar to be enough, large enough, to reach, catch up
alejar to move away
alfombra carpet
alimentación f nutrition
almacén m general store, department store
almojábana cornmeal turnover
almorzar (ue) to eat lunch, (Mex.) breakfast
alquilar to rent
altura height; **a esa altura** at that time
allegado, a close, intimate
amá = **mamá**
amanecer to rise in the morning (sun, person); **¿Cómo amaneciste?** How are you this morning?
ambiente atmosphere; **medio ambiente** surroundings
ámbito surrounding
amén de as well as
amenazar to threaten
amo, a owner; **ama de casa** housewife
amistad friendship, friend
anciano, a elderly person
anchoveta anchovy
andiba = **andaba**
andino, a Andean
anglohablante m or f speaker of English
anillo ring
anormalidad happenstance
anteceder to go before
anterior before, previous
anticipación advance; **con anticipación** in advance
antiguamente long ago
anular m and f of a ring; **dedo anular** ring finger
añadir to add
apá = **papá**
apagar to put out, extinguish
aparentar to show off
aparte de (que) apart from (the fact that)
apegado attached
apellido family name
apenarse to be embarrassed, troubled
apenas hardly
aplastar to flatten, crush
apoderarse to take over
apostar (ue) to bet, gamble

apoyar to support
apretón *m* press; **apretón de manos** handshake
aprobar (ue) to pass (exam, course), approve
aprovechar to take advantage
apuesta bet
aquél, aquélla the former
arepa cornmeal fritter
armar(se) to make (disturbance)
arraigar(se) to root, settle down
arrancar(se) to start off, light out
arrasar to wipe out, demolish
arreglar to fix, arrange; **arreglárselas** to find a way
arreglo arrangement, agreement
arrendar (ie) to rent
arrepentirse (ie) to be sorry, repent
arrimar to put up against, very close
arroz *m* rice
arruinarse to go to ruin
asado roast
asco revulsion
asentar (ie) to set down; **asentarle la mano** to punish
asilo para ancianos old age home, nursing home
asimismo likewise, just the same
asina = **así**
asomar to show up, appear
aspecto appearance
aspirante candidate
aspirar to hope for
asustar to frighten
atar to tie
atareado, a hectic
ataúd *m* coffin
atender (ie) a to attend to, look after, wait on (salesperson)
aterrar to terrify
atrasar(se) to be late
atreverse a to dare
atropellar to run over
augustino of the Augustine religious order
aumento increase

aún still, yet
auyama squash variety
avergonzar (ue) to embarrass, shame
avisar to inform
aviso notice, ad
ayuno fasting
Aztlán U.S. Southwest, fabled homeland of the Aztecs
azucena white or madonna lily

B

bachillerato secondary school degree
bagre *m* catfish
bajar to go down, descend, get out or off
bajonazo slump, dip
baloncesto basketball
balonvolea volleyball
baluarte stronghold
banda group
bando side, faction
bañarse to bathe, go swimming
bar small restaurant, snack bar
barrera barrier
barriada slum
barriga belly
barrio neighborhood
base *f* basis; **a base de** on the basis of
basílica basilica, a domed church, a major church
bastar to be enough
bastión bastion, stronghold
basurero trash collector
bata robe
batalla battle
batata sweet potato
bautizar to baptize
bautismo baptism
bebedora heavy drinker
bejuco hanging vine
bendecir to bless
bendición blessing
berro watercress
bien well; **más bien** rather
bienestar *m* wellbeing
bigotudo with a large mustache

bizcocho roll
blanquillo egg (to avoid **huevo,** which may be objectionable)
blindar to armor
bloqueo blockade
bocina horn
boda or **bodas** wedding
bodega general store
boleto ticket
boliche small store or tavern
bolichero, a pertaining to the fish-selling business, fishmongering
bolsa sack, purse, bag
bollo roll, bun
bordado edge
bordar to embroider
borracho, a drunk, drunkard
botar to throw, throw away, kick out, fire, expel
brebaje concoction
brincar to hop
brindar to offer, toast
buey *m* ox
bulla noise
bullicio uproar
burgués, esa middle-class
buscar to look for, go and get
búsqueda search

C

caber to fit, be fitting
cabrito suckling goat
cachetada slap
cada each; **cada quien, cada cual** everyone; **cada vez más** more and more
cadena chain
café *m* coffee, (adj.) brown
cafetalero, a coffee-producing
cajón crate, box
cal *f* lime, whitewash
caldo broth
calefacción heating
calentador *m* heater
calidad quality
calificación grade
calumnia slander
calurosamente warmly, heatedly
callarse to be, remain quiet, say nothing

callejero, a of the streets
cambiar to change
cambio change, exchange
cambur *m* a banana variety
caminata hike
camionero truck driver
camiseta undershirt, jersey
campamento camping, campsite
campeón, ona champion
campeonato championship, tourney
campesino, a peasant
campestre rural
campo country, field, course (golf)
canon rule, religious law
cansar(se) to tire
cantidad quantity; **en cantidades** in great numbers
cantina bar
caña cane
capa layer; **capa social** social class
capataz foreman
capaz (pl capaces) capable
capilla chapel
capillito formal religious announcement
carabela caravel, a type of sailing ship
carabota a type of bean
caramelo candy
carbón *m* coal
cárcel *f* jail
carga load
cargar to carry, wear
cargo charge; **hacer cargo de** to take charge of
caridad charity
carnaval carnival, mardi gras
carta letter, playing card
cartel *m* poster, public notice
cartelera bulletin board
carrera career, course of study, race
carretera highway, road
carro fúnebre hearse
caso case; **en todo caso** anyway
castizo pure, genuine
casualidad coincidence
catecismo catechism, book of religious instruction

cátedra magistral formal lecture
catedrático tenured or ranked professor
categoría status
cena evening meal
ceniza ash
cerca fence
ciclismo bicycling
cierto, a certain, sure; **por cierto** of course, by the way; **¡Cierto!** Of course!
cifra number
cinta ribbon, tape
cirio candle
cita date
citar to date
ciudadano, a citizen
ciudadanía citizenship
clavel *m* carnation
club *m* (pl **clubs**) club, rented hall or ballroom
cobrar to collect, receive
cochino pig, (adj) filthy
coger to pick up, take hold of
colectivo small vehicle which charges a flat fare over a fixed route, jitney
colegial, a student
colegio school, primary school
colocar to place
comestible *m* food
comisario police station
comilón, ona glutton
cómo no of course
compadrazgo ritual co-parenthood
compadre co-parent, intimate friend
compartir to share
competir to compete
comprender to understand, comprise
comprobar(ue) to prove
compromiso commitment, obligation
comunión communion, receiving Holy Sacrament
concertar (ie) to agree, arrange
conciliar el sueño to get to sleep
conciso, a concise, brief

concurso competition
conducir to lead, drive
conejo rabbit
conferencia lecture
confesionario confessional, confession box
confianza trust, confidence
confirmación confirmation, admission to church membership
conformarse con to be in agreement with
conllevar to aid, contribute
conocedor, a expert, connoisseur
consecuencia consequence; **a consecuencia de** because of
conseguir to obtain; **conseguirse a** to come upon
conserje janitor
conservador, a conservative
conservadurismo = **conservatismo**
constar de to consist of
consumismo consumerism, materialism
contar (ue) to count, tell; **contar con** to count on, have
contagio infection
contemplar to see, note
continente *m* continent; **el Continente** (P.R.) mainland U.S.
continuación continuation; **a continuación** below, following
contario, a opposite; **al contrario** on the contrary
Contrarreforma the European Counterreformation
contratar to contract, charter
contravenir to infringe, break (law)
conveniente advisable
convenir to be advisable
cónyuge *m* or *f* spouse
corazón *m* heart; **de corazón** fervent
cordón string
corona wreath
corte, cortes *f* parliament
cortejar to court
cortejo cortège, procession, courtship

cortina curtain
correa strap, belt
correctamente that's right.
corregir to correct
corriente common
cosa thing; **cosa de que** right after
cosecha crop, harvest
coser to sew
cosmovisión world-view
costa costa; **a costa de** at the cost of
costar (ue) to cost; **costarle** to be hard for one
costeño, a coastal
costilla rib
costumbre *f* custom
costurera seamstress
cotidiano, a everyday
crecer to grow, grow up, rise (water)
creencia belief
cristianismo Christianity
crucifijo crucifix, cross
cruzada crusade
cruzar to cross
cuadra block
cuadro square, check; **a cuadros** checkered
cuajar to harden, congeal
cuando when, at the time of
cuanto, a as much, so much; **en cuanto a** concerning; **unos cuantos** a few
Cuaresma Lent
cuatrienio four years
cuenta account, bill; **darse cuenta** to realize; **por su cuenta** on one's own; **más de la cuenta** too much
cuestión matter, question, object (game)
cuestionar to challenge, question
cuica earthworm, rope for jumping
cuidar (de) to care for, take care of
culinario, a culinary
culminación culmination, fulfilment
culpa blame; **echar la culpa** to put the blame

cumplir to carry out, complete
cupo quota, slot
cursar to study, take classes in
curso program, year of study, course
cursi gaudy, showy
criar to bring up, raise; **criarse** to grow up
culto religion, faith; **culto, a** well-educated

CH

champú *m* shampoo
chaperón, ona chaperon
charla chat
charlar to chat
chicano, a chicano, North American of Mexican heritage
chinchorro net hammock
chistar to say something, to go "psst"
chivato, a informer
chofer or **chófer** driver
cholo Andean half-breed
chompa sweater, jersey, jacket
chorizo spiced sausage
churrasco broiled steak

D

dañar to harm, spoil
dar to give, strike, take (exam); **darse** to occur; **darse por** to consider oneself as; **dar a conocer** to present, make known; **dar la mano** to shake hands; **dar de comer** to feed; **dar lugar a** to result in; **dar vuelta** turn around; **darle a uno** to catch (illness)
deber to ought to, owe; *m* duty
debilitar to weaken
decir to say, tell, name; **es decir** that is to say; **por decirlo así** so to speak; **a decir verdad** to tell the truth
declaración proposal

declararse to propose
defenderse (ie) to defend oneself, get around (in a language)
delinear to outline, sketch
demás others, rest; **y demás** and so forth
depender de to depend on
derecho law (field of), straight, ahead, fee, right
desacuerdo disagreement
desafortunadamente unfortunately
desahogarse to vent one's feelings
desalentador, a discouraging
desarruinarse = **arruinarse**
desarrollar to develop, carry out
desaparecer to disappear, pass away
descalzo, a barefoot
descamisado, a shirtless, poor
descansar to rest
descarriado, a wayward
descartar to discard
desempeñar to carry out (role)
desempleo unemployment
desenvolverse to develop, circulate
desfile *m* parade
desgracia misfortune; **por desgracia** unfortunately
desmayar(se) to faint, pass out
desmentir (ie) to refute, contradict
desnivel *m* irregularity
despedir(se de) to see off, say goodby to
despegar to take off (plane)
desplazamiento displacement, ship's floating weight
desposeído propertyless
destacar(se) to stand out
destapar to uncover, unwrap
destinarse to be headed for, going to
destreza skill
desventura mishap
determinado, a certain
devocionario prayerbook
dialéctico, a dialectic, the

struggle and reconciliation between opposing forces
diariamente daily
diario, a daily; **a diario** every day
dibujar to draw
dibujo drawing
dictar to dictate, deliver (speech), teach (class)
diferenciarse to be different
dificultar to hinder
difunción death
difunto, a deceased
dije *m* amulet, charm
diligencia errand
diputado government representative, deputy
directamente directly, just
dirigente managing
dirigirse a to address, speak to, turn or go toward
discurso speech
diseño design
disfrutar to enjoy, have a good time
disfraz *m* costume, disguise
disponer de to have access to
dispuesto, a willing
dispués = **después**
distanciamiento aloofness
distar de to be far from
divertido, a fun; **redivertido, a** great fun
dogma *m* dogma, doctrine
donativo donation
donde where, at the house or place of
donjuanismo womanizing
dormitorio bedroom
dril cotton twill
dulce de leche milk jam, custard cream
dulzura sweetness
duro, a hard

E

eclesiástico, a ecclesiastic, pertaining to the church
echarse to lie down; **echarse de ver** to be obvious
edad age; **de edad** elderly
educación education, manners
educando learnee
efectivamente in fact, indeed
efecto effect; **en efecto** in fact
efectuar to carry out
ejercer to practice (profession), exercise
elegir (i) to choose, elect
embalsamar to embalm
embarazada pregnant
embarcación boat
embocarse en to squeeze into
emborracharse to get drunk
emisora broadcasting station
emparedado sandwich
empeñar to pawn
empero nevertheless
emprender to undertake, begin
empleado, a employee, white-collar worker
empujar to push
en veces = **a veces**
enamorado, a in love, sweetheart
encarcelar to put in jail
encima de above, atop
encoger to shrink, draw up, shrug
encontrar (ue) to find; **encontrarse con** to meet
enchufe wall plug, influence
endeudarse to go into debt
endrogarse to go into debt
endurecer to harden
enfermero, a nurse
enfrascar to bottle
enfrentamiento confrontation, clash
enfrente opposite, facing
enfurecer to enfuriate
engañar to deceive
enmezclarse to be involved
enseñanza teaching, instruction
enterrar (ie) to bury
entidad entity
entierro burial
entonces then, well; **en ese (aquel) entonces** at that time
entrada income
entrar en or **a** to enter, go in
entregar to deliver, hand to
entrenador, a trainer, coach
entrenar to train
envolverse (ue) **en** to be wrapped up in, involved in
Epifanía Epiphany, January 6
época time, season, occasion
equipo team
equitación horsemanship
escasez *f* scarcity
esclavo, a slave
esclavitud slavery
escoba broom
escolar pertaining to school
esconder to hide
escondite *m* hiding place, hide and seek
eso that; **a eso de** about (time of day)
espada sword
espalda back
especie *f* sort, kind
espinoso, a thorny, difficult
esquela formal invitation or announcement
esquina corner (outside)
estacionamiento parking, parking lot
estar para to be about to
estibador stevedore, dockworker
estilo type, style; **por el estilo** like that
estrechez closeness, intimacy
estrecho narrow, close
estrellar to break up
éste, ésta this, the latter
etapa stage
exitoso, a successful
experimentar to experience
extrema unción extreme unction, last rites

F

facultad *f* school or division of a university
fachada facade
faltar to lack, not be present; **faltar al respeto** to be disrespectful
falta lack; **sin falta** without fail
fallar to miss, be wrong, find (court or judge)

fallecer to pass away
fama fame, reputation; **es fama** it is widely held
familiar (adj) familiar, pertaining to the family; (m or f) family member
fechoría misdeed
feria outdoor market
festejar to celebrate
fastidiar to bother
fideo noodle
fiebre f fever, fad
fijar to fix, set; **fijarse** to notice, watch
fijo, a fixed, established
fila line, row
fin m end; **por fin** finally; **a fin de** in order to
finca estate, plantation
flan sweet custard
fogata campfire
fontanero, a plumber
formación education, cultural background
formarse to acquire an education
forzoso, a obligatory
foto f photo
fracasar to fail
fracaso failure
fraguar to forge, establish
fregarse to screw up
freír to fry
freído, a = **frito**
fresco, a fresh, cool
frijol m bean
frita Cuban-style sandwich
frito, a fried
fruto fruit, result
fuente f source
fuera outside, away
fuerte strong, bad (illness), big (meal), hard (blow)
fuerza force; **fuerza pública** law-keeping agencies
fuga flight, escape
fugaz fleeting
Fulano, a (de Tal) So-and-so
función show, function, performance; **en función de** in terms of
funcionario, a civil servant
furibundo, a furious
fútbol football, soccer

G
gallina hen, coward
gama gamut, range
gamonal influential rural landowner
gana willingness; **de buena gana** willingly
ganadería pertaining to cattle
ganado cattle; **ganado vacuno** cows
ganador winner
ganar to win, gain, earn; **ganarse la vida** to earn a living
gastar to spend, wear out
gasto expense
gerente manager
gallo rooster, cock
gobernación governing
golpe blow, shock
gozar de to enjoy
grabar to record, engrave
grado degree, measure
grano grain; **al grano** to the point
gratis free
grato, a pleasant
gritar to shout
grito shout
grosero, a crude, ill-mannered
gruñir to grunt, grumble
guarapo sugar cane sap
guardar to put away, keep
guardia f police; m policeman
guayaba guava, a sweet tropical fruit
gusto pleasure, taste; **a gusto** at ease

H
habichuela bean
habilidad skill
hacerse el, la to act like a; **hacérsele** to appear to one
hada (f but "el hada") fairy
halar to tug, pull
harina flour; **harina de pescado** fishmeal
hayaca or **hallaca** a cornmeal turnover filled with meat and wrapped in banana leaves
hecho fact, deed
herencia heritage
herir to wound, hurt
hierba grass
¡Híjole! Wow!
hincapié emphasis; **hacer hincapié** to emphasize
hispanoparlante speaker of Spanish
hogar m household
hogareño, a pertaining to the house or household
homenaje m homage, honor
hondo, a deep
horario schedule
horchata cold drink made of various seeds or grains
hoyo hole
hoy today; **hoy (en) día** nowadays
huachafo, a tacky
hueco hole
huella track, trace
huir to fleet

I
iglesia church
imagen f image, religious statue or picture
impedir to keep from
imprevisto, a unexpected
(de)improviso unexpectedly
impuesto tax
incidir en to effect
inconforme in disagreement
inclusive even
incluso even
inculcar to instill, inculcate
indicio sign, indication
indígena m or f native, Indian
indocumentado, a illegal alien
índole f disposition, nature, type
infarto cardíaco heart attack
inflar to inflate, blow up
influir to influence
informe m report, research paper, piece of information
ingresar en or **a** to enter
ingreso entrance
inicio beginning
inquietud f unrest, concern
insuficiencia coronaria weak heart
integrarse a to join

intentar to try
interesarse por to be interested in
interno, a school boarder
investigación research
inyectar to inject
isla island; (P.R.) countryside

J
jamás never
jardín garden, yard; **jardín de infantes** nursery school
jornada work day
jubilarse to retire
judío Jew
juez (*m* and *f*, pl **jueces**) judge
jugada play, trick
jurar to swear, take oath

K
kiosko or **qiosco** sidewalk stand

L
labor *f* work, task, fieldwork
laborar to work
lacrimógeno, a pertaining to tears; **qas lacrimógeno** tear gas
lado side, way; **todos lados** everywhere; **ninqún lado** nowhere; **(de) al lado** next, next door
laico, a lay, not of the church
lancha boat
largamente extensively
largo, a long; **a lo largo de** throughout, along; **a la larga** in the long run
lata can
latifundio large landholding
lazo bond, tie
leal loyal
leche quemada milk custard
levantar to raise, draw up (document)
librería bookstore
liceo private middle school
licitación auction, public sale

licuado blended fruit drink
liga league
ligero, a light
lindo, a pretty, nice
lío mess, fuss; **meterse in líos** to get into trouble
litúrgico, a liturgical, pertaining to church services
liviano, a light
locura madness
lograr to succeed
lucirse to show off, stand out
lucha struggle, wrestling
luchar to struggle, wrestle
luego then; **luego de** after
más luego later on
lugar *m* place; **tener lugar** to take place
lustrar to polish
luto mourning; **de luto** or **enlutado, a** in mourning
luz *f* light; **dar a luz** to give birth

LL
llamado saying; **llamado, a** called, so-called
llamativo, a noticeable
llano, a flat, plain; **simple y llanamente** quite simply
llanto crying
llenar(se) to fill
llevar to take, carry; **llevarse** to take away
llorona weeping lady, hired mourner
llover (ue) to rain

M
macana club, nightstick; **macanazo** blow with a stick
maceta flower pot
machista he-man
madrina godmother
maestro, a expert, skilled person
maltratar to mistreat
mandadero, a errand runner
mandado errand
manejar to manipulate, handle, drive (auto), manage

manera manner, means; **de manera que** so that; **maneras** manners
mango (also *mangó*) mango, a sweet pulpy fruit
manifestación demonstration, display
manifestar to show, demonstrate
maniobra maneuver
mapuey a kind of yam
marcharse to leave, go off
maricón *m* fairy, coward
marido husband
marrón brown
mata bush, large plant, foliage
mate *m* tea made from **yerba mate** leaves
materia course, subject
matraca wooden clapper or noisemaker used in religious processions and in solemn church assemblies when the bells cannot be rung
matricular(se) to enroll
matrimonio married couple, matrimony
mayor larger, older; **al por mayor** at wholesale
mayoría majority; **la mayoría, en su mayoría** most
mayormente mostly
mediado, a halfway; **a mediados de** at mid- (week, month, etc.)
medida measure; **a medida (de) que** to the degree that, while
mejilla cheek
mejor better; **a lo mejor** most likely
mejorar to improve
mellar to harm, criticize
menor least, younger, smaller; **al por menor** at retail
menos less; **ni mucho menos** not at all; **a menos que** unless; **menos mal** it's a good thing
mente *f* mind
menudencia small detail
menudo minute, small; **a menudo** often

merienda afternoon snack
mermelada jam, jelly
Mesoamérica Central America
mestizo, a mixture of Indian and Caucasian races
meter to put in; **meterse** to get in, become involved; **meterse en líos** to get into trouble
mezcla mixture
miel f honey; **luna de miel** honeymoon
miembro m member
milagro miracle; **el Señor de los Milagros** Our Lord of Miracles
milanesa breaded steak
ministerio ministry, government office
misal missal, prayerbook
mitad f half, middle
mixto, a combined, coeducational
modales m manners
modo means, way; **de modo que** so that; **modo de ser** life-style; **modo de ver** viewpoint
moho mold
mohoso, a moldy
mojar to get wet, soak
mole spicy sauce with poultry or meat dish
Momo Bacchus, King of Carnaval
montón pile, large quantity
morado, a purple
moreno, a brown, dark skinned
motivo reason, motive
moto f (**motocicleta**) motorcycle
mudarse to move (home, etc.)
mudo, a mute, speechless
mueca grimace
muestra proof, sample
mujer f woman, wife
mulato, a of mixed African and Caucasian races
muncho, a = **mucho, a**
muñeca doll
musulmán, ana Muslim
mutuo, a mutual

N
nacer to be born
nacimiento birth, nativity scene
nacido, a born, native
nada nothing, at all
naiden, naides = **nadie**
nariz f (pl **narices**) nose
natalidad birthrate
natural natural, native
negociante m or f merchant, business person
nicho niche, burial vault
nieto, a grandchild
nítido, a sparkling clean, bright
no más, nomás = **nada más**
norma rule
normalmente usually
notar to notice
novedad novelty, fad, happenstance
novedoso, a novel, eventful
novenario services or prayers for nine days
novia girlfriend, fiancée, bride
noviazgo courtship, engagement
novio boyfriend, fiancé, groom
nuevamente again
numeroso numerous, large (group)

Ñ
ñame m yam

O
obrero, a worker, working class
ocasionar to cause
ocaso twilight
ocurrírsele to take a notion to
odiar to hate
oficinista m or f office worker
oficio trade
ofrenda offering
oler (ue, **huele**) to smell
olor m odor
olla pot, cookpot
ómnibus m sing and pl bus
onda wave; **estar en la onda** to be up to date, with it
onomástico, a pertaining to names
oponerse to oppose, be against
oportunidad opportunity, occasion
oprimir to oppress
opresor, a oppressor
oración sentence, prayer
orar to pray
ordenar to order
orgullo pride
originario, a native
orilla bank; **a orillas de** on the banks of
otro, a other, another, next

P
pa = **para**
padrino godfather; **padrinos** godparents
paladar m palate
palo stick, pole, wood, tree, drink
pan m bread, loaf
pandilla gang
pantorrilla calf of the leg
pantufla slipper
paño cloth
papel m paper, role, function
parada (bus) stop
parco, a moderate, subdued
parecer to seem; m opinion; **al parecer** apparently
pared f wall
pareja pair, couple
pariente m or f relative
parte f part; **por otra parte** on the other hand; **por, de parte de** by, on the part of; **una décima parte** one tenth
participación participation, announcement
participar to inform, participate, announce
particular private, particular
partidario, a supporter, partisan
partido game, party, match
partir to part, divide; **a partir de** as of, beginning with

parturienta giving birth
parranda strolling musicians, drinking spree, binge
parrilla grill
parillada grilled meal, barbeque
parroquial of the parrish
parroquiano, a parishioner, church member
pasaje trip costs, ticket
pasapalo snack, hors d'oeuvre
pasar to spend, pass; **pasar por** to come by for, pick up; **pasarlo, pasarla** to get by
pasatiempo pastime, hobby
Pascua Christmas or Easter; **Pascua Florida** Easter
paso step; an event in the Passion (crucifixion and resurrection); a platform depicting scenes from the Passion; **dar un paso** to take a step; **dicho sea de paso** by the way
pastaflora sponge cake
patacón fried banana dish
patio patio, yard
patria homeland
patrocinador, a sponsor
patrocinar to sponsor
patrón, ono, ona boss, patron (e.g., saint)
paulatinamente gradually
pecado sin
pauta pattern
pavo turkey; **pavo alhorno** baked turkey
pegar hit, beat up
pelea fight
pelota ball, baseball
pellizcar to pinch
pena shame, embarrassment, sorrow; **dar pena** to make one sorry, sad, embarrassed
pendiente pending; **estar pendiente de** to be aware of
pepa pit of a fruit, seed
pepino cucumber
peregrinación pilgrimage
perfil *m* profile
periódico newspaper
perjudicar to harm
permanecer to remain
pernil ham, leg; **pernil de cochino al horno** baked ham
pertenecer to belong
pesa weight, barbell; **levantar pesas** to lift weights
pesado heavy, boring
pésame *m* condolence
pesebre *m* manger
pesquero, a pertaining to fishing
picadillo ground beef with spices and vegetables
pila baptizing font; **nombre de pila** given name; **a pilas** a whole lot
piel *f* skin
pintar to paint; **libro de pintar** coloring book
pintoresco, a picturesque
piropo flirting or suggestive remark; **echar piropos** to make **piropos**
plata silver, money
plan *m* basis plan, intention
plantear to bring up, pose, set forth
platicar to speak, talk
plato plate, dish, course
plaza (dim. **placita**) town or city square
plebiscito plebiscite
pleno, a the middle of
plomero plumber
podar to prune, cut back
podrir to rot
politiquería petty politics
politiquero, a pertaining to **politiquería**
polvo dust
porcentaje *m* percentage
porrón large clay jar
portal *m* doorway, gate
portarse to behave
portátil portable
portero caretaker, doorman
pos = pues
posibilidad possibility, chance; **posibilidades** means, resources
postulante *m* or *f* applicant, candidate
potencia power
practicante *m* or *f* practicant, faithful observer of religious duties
preguntar to ask; **preguntar por** to inquire about; **preguntarse** to wonder
preocupación worry, concern
prender to turn on, fasten, stick
preñez pregnancy
preparativo preparation
preparatoria preparatory secondary school
preparatorio kindergarten
presentar to present, introduce, take (exam); **presentarse** to introduce oneself, apply, run for
preso, a prisoner
pretender to try
primo, a cousin
primordial primordial, basic, fundamental
probar (ue) to try out, test, sample, prove
procedimiento procedure
profesionalizarse to become a professional, graduate from professional studies
profesorado faculty
profundidad depth
propio, a own; **propio de** peculiar to; **amor propio** feelings, pride
proporcionar to give, offer, bestow
provinciano, a provincial
próximo, a soon, next
prueba test, proof
público public, audience
pudor *m* modesty
pueblerino, a of a small town
pueblo people, nationality, race, town
puente *m* bridge, long weekend
puesto post, position
puntaje *m* score

Q

quedar to stay, be; **quedar en** to agree on; **quedarle mal** not to like; **quedarse** to stay, be "it" (in children's games)
quehacer *m* task, chore
quejarse de to complain about

quemar to burn
queso cheese
quienquiera whoever
quiosco or **kiosko** sidewalk stand
quitar a to take away from; **no quita que** doesn't keep one from
quizás, quizá perhaps

R
racionar to ration
radicarse to set roots, settle down
raíz *f* (pl *raíces*) root
rallar to grate
rama branch
ramo small branch, bouquet; **Domingo de Ramos** Palm Sunday
rango rank
raquítico, a feeble
rasgo trait
raso, a smooth, plain; **soldado raso** army private
rato while, short time; **pasar el rato** to pass time
raya stripe
rayar en to border on
raza race; **la Raza** U.S. Latino group and movement
razonar to figure, reason out
realizar to fulfill
rebanada slice (bread)
receta recipe, prescription
recibirse to graduate
recibo receipt, living room, parlor
recién recently
recoger to pick up, gather, get
recogida harvest
recogimiento retreat, seclusion
Reconquista the Spanish Reconquest
recto, a straight, upright
rector president (university), principal (school)
recurso resource
rechazar to reject, refuse
redactar to write out
redondo, a round; **a la redonda** roundabout, in circumferance

reemplazar to replace
referirse a to refer to; **en lo que se refiere a** with reference to
refleccionar to reflect, meditate
reflejar to reflect
refresco soft drink
reglamentario, a required
reja metal grill
relacionarse con to have dealings with
religioso, a religious; member of the clergy
remendar (ie) to mend
reñido, a hard-fought
repleto, a de filled with
reprender to reprehend
requerimiento requirement
requisito requirement
resaltar to stand out; **hacer resaltar** to bring out
respaldo support
respecto regard, respect; **al respecto** in this regard; **respecto de** or **a** regarding
respeto respect, esteem
restringir to restrict
resultado result, outcome
reunirse to meet
revolver to stir; **huevos revueltos** scrambled eggs
rezar to pray; **según reza el refrán** as the saying goes
rico, a rich, delicious
riesgo risk
rigor necessity; **de rigor** obligatory
rincón *m* corner (inside)
roce *m* friction, hard feelings
rodear to surround
rol role
rondar to patrol, prowl
rosado, a pink
retiro retreat
retraso delay; **de** or **con retraso** late
rosario rosary, prayer beads

S
sabana grasslands and plains of Colombia and Venezuela
saber to know, taste; **que yo sepa** as far as I know

sacar to take out, take (photos), get (grades, passports), buy (tickets); **sacar a bailar** to invite someone to dance
sacerdocio priesthood
sacerdote priest
sacudir to shake, dust
salcochar to boil in salt water
salvarse to be saved, be "safe" (in children's games)
sandía watermelon
sangre *f* blood; **análisis de sangre** blood test
sala hall, large room, living room
salto jump
salud *f* health
saludar to greet
San, Santo, a Saint; **santo, a** holy
sanar to heal
sano, a healthy
sastre tailor
seco dry, skinny
secular secular, worldly, not of the church
sede *f* seat, center
seguido, a together, in a row; **en seguida** immediately
seguir to follow, continue, study (area of study)
seguros insurance
seleccionar to choose
seleccionado representative, all-star team or tourney
sello stamp, seal
sembrar (ie) to seed, grow, cultivate
semilla seed
semos = **somos**
sencillo, a simple
sentido sense, meaning
seña sign
ser to be; **ya sea** whether; **o sea** that is to say; *m* being; **ser humano** human being
servicio service, domestic help, restroom
servir para to be good for
siempre always, still; **siempre y cuando** so long as; **siempre que** so long as
sí yes, certainly, -self; **de por sí** in itself

sigla symbol, logo
significado meaning
significativo, a significant, meaningful
signo sign
silbar to whistle
situarse to be located
sobornar to bribe
sobrar to be in excess, left over, more than enough
solapa lapel
soldado soldier; **soldado raso** private
soler (ue) to be in the habit of
soltar (ue) to let go of
soltería being unmarried
soltero, a unmarried
soltura ease, freedom
sonriente smiling
sonriente smiling
soplar to blow, blow on or out, to rat
soplón informer, stool pigeon
soporte *m* support
sostener to support
sostenimiento support
sotana priest's habit or robe
suavizar to soften
subgerente assistant manager
subir to go up, get into or on
subyugar subjugate
suceder to happen
sudar to sweat
sueldo salary
suerte *f* luck; **por suerte** luckily
sumo, a great
superarse to better onself
suprimir to eliminate
supuestamente supposedly
surgir to rise, appear (problem)
suspender(se) to fail (studies)
suspirar to sigh
sustento upkeep
susurrar to whisper

T
tal such; **y tal** and so forth
talco talcum
taller *m* workshop, repair garage
tapa lid, covering
tapar to cover, close
técnico tradesperson, skilled laborer
tejer to weave, knit
tela cloth
telenovela television soap opera
televisor *m* television set
tema *m* topic
temporada period, while, season
tender (ie) **a** to tend to
término term; **en último término** as a last resort
terno suit of clothes
terrateniente large landholder
terremoto earthquake
terreno land, plot
tiempo time; **tiempo completo** full time
tienda store, tent; **tienda de campaña** camping tent
timbre *m* small bell, buzzer
tinta ink
típico, a traditional
tipo guy; about (time) of day
tirar to throw, slam (door), pull, stretch out
tocante a regarding
tocar to touch, play (musical instrument), ring (bell), honk (horn), knock (wood, door); **tocarle a uno** to be up to one, one's turn, job, luck, responsibility
tocopalo hide and seek
toga toga, gown
tomado tipsy
tomar to take, eat, drink (esp. alcohol), give (exam)
tonelada ton
torneo tourney
toro bull; **los toros** bullfighting; **corrida (de toros)** bullfight
torta cake
tortilla flat cornmeal or wheat cake, omelette
tostón *m* fried banana disc
trago swig, drink, booze
trajín *m* bustle
transcurso passage
tratar to treat, deal; **tratar de** to tratar, to address as (**tú** or **usted**)
travesura prank
trayectoria course, pathway
trepar a to climb
trigo wheat
tripulación crew
troca = **camion**
troquero = **camionero**
túnica smock
tutear to address with **tú**

U
ubicar to place, classify
uña finger- or toenail
usanza style, custom
ustear to address with **usted**

V
valer to be of worth; **valerse de** to make use of; **valerse de uno mismo** to manage on one's own
vals *m* waltz
vara stick, ruler
varón male
vecindad neighborhood
vecindario neighborhood
vela candle
velación wake
velar to stay awake, stand vigil
velorio vigil, wake
velódromo bicycle race track
ventaja advantage
ver to see; **verse** to look, appear; **modo de ver** viewpoint; **echarse de ver** to be apparent
verdad *f* truth; **de verdad** really
verdura vegetable
vereda sidewalk, streetside
vergüenza shame, embarrassment
versar sobre to be about, deal with
vertir (ie) to pour
vestido dress, suit
vestir to wear; **vestirse** to get dressed
vestuario wardrobe
vez *f* time; **a su vez** in turn; **tal vez** maybe; **a**

veces sometimes; **de una vez** once and for all
vicio bad habit
vidrio glass
vigencia validity; **en vigencia** in force
vincular to connect
vinculo bond, tie
violar to rape, break (law)
violencia violence, awkwardness
vista view, sight; **a primera vista** at first glance
visto, a seen; **mal visto** frowned on; **bien visto** accepted; **por lo visto** obviously; **visto bueno** approval
viuda widow
víveres supplies, general merchandise
vocación calling, ambition
voleibol volleyball
vulgar common, commonplace; *m* or *f* a nobody

Y

yeso plaster
yuca yucca, breadfruit or cassava

PHOTO CREDITS

Chapter 1
Page 3: Barbara Rios/Photo Researchers
Page 12: Roberto Martinez/Photo Researchers

Chapter 2
Page 21: Hazel Hankin
Page 28: Susan Meiseles/Magnum

Chapter 3
Page 35: Barbara Rios/Photo Researchers
Page 42: Christopher Brown/Picture Group

Chapter 4
Page 52: Carl Frank/Photo Researchers
Page 57: Erika Stone/Photo Researchers

Chapter 5
Page 70: Pat Goudvis/Picture Group

Page 74: Victor Englebert/Photo Researchers

Chapter 6
Page 80: Eugene Richards/Magnum
Page 88: Bernard Pierre Wolff/Photo Researchers

Chapter 7
Page 100: Emilio Mercado/Jeroboam
Page 105: Hazel Hankin

Chapter 8
Page 114: Owen Frankin/Stock, Boston
Page 126: Diego Goldberg/SYGMA

Chapter 9
Page 132: Owen Frankin/SYGMA
Page 146: Owen Frankin/Stock, Boston

NTC SPANISH CULTURAL AND LITERARY TEXTS AND MATERIAL

Contemporary Life and Culture
"En directo" desde España
Cartas de España
Voces de Puerto Rico
The Andean Region

Contemporary Culture—in English
Getting to Know Mexico
Getting to Know Spain
Spain: Its People and Culture
Welcome to Spain
Life in a Spanish Town
Life in a Mexican Town
Spanish Sign Language
Looking at Spain Series
The Spanish-speaking world

Cross-Cultural Awareness
Encuentros culturales
The Hispanic Way
The Spanish-Speaking World

Legends and History
Leyendas latinoamericanas
Leyendas de Puerto Rico
Leyendas de España
Leyendas mexicanas
Dos aventureros: De Soto y Coronado
Muchas facetas de México

Una mirada a España
Relatos latinoamericanos

Literary Adaptations
Don Quijote de la Mancha
El Cid
La Gitanilla
Tres novelas españolas
Dos novelas picarescas
Tres novelas latinoamericanas
Joyas de lectura
Cuentos de hoy
Lazarillo de Tormes
La Celestina
El Conde Lucanor
El burlador de Sevilla
Fuenteovejuna
Aventuras del ingenioso hidalgo
    Don Quijote de la Mancha

Civilization and Culture
Perspectivas culturales de España,
    2nd edition
Perspectivas culturales de
    Hispanoamérica, 2nd edition
Panorama de la prensa

For further information or a current catalog, write:
National Textbook Company
a division of NTC Publishing Group
4255 West Touhy Avenue
Lincolnwood, Illinois 60646–1975 U.S.A.